Joan Borysenko

Paz interior para mujeres
muy ocupadas

editorial Sirio, s.a.

Título original: INNER PEACE FOR BUSY WOMEN
Traducido del inglés por Miguel Portillo Díez

© de la edición original
  2003 Joan Z. Borysenko
  Publicado en inglés por Hay House Inc., en 2003

Emisión radiofónica de Hay House en www.hayhouseradio.com

© de la presente edición

EDITORIAL SIRIO, S.A.	EDITORIAL SIRIO	ED. SIRIO ARGENTINA
C/ Panaderos, 14	Nirvana Libros S.A. de C.V.	C/ Paracas 59
29005-Málaga	3ª Cerrada de Minas, 501	1275- Capital Federal
España	Bodega nº 8 , Col. Arvide	Buenos Aires
	Del.: Alvaro Obregón	(Argentina)
	México D.F., 01280	

www.editorialsirio.com
E-Mail: sirio@editorialsirio.com

I.S.B.N.: 978-84-7808-587-3
Depósito Legal: B-18-211-2008

Impreso en los talleres gráficos de Romanya/Valls
Verdaguer 1, 08786-Capellades (Barcelona)

Printed in Spain

Comentarios acerca de
Paz interior para mujeres muy ocupadas

«Conmovedor y gracioso a la vez. Todas las mujeres que alguna vez han albergado el secreto deseo de hacer las maletas y dejar atrás su ajetreada vida necesitan leer este libro»
Cheryl Richardson, autora de *Stand Up for Your Life* y *Take Time for Your Life*.

«*Paz interior para mujeres muy ocupadas* está lleno de inspiración, así como de consejos prácticos y sinceros dirigidos a todas las mujeres decididas a vivir una vida íntegra y con sentido»
Christiane Northrup, autora de *Cuerpo de mujer, sabiduría de mujer* y *La sabiduría de la menopausia*.

«Con historias y percepciones surgidas a partir tanto de experiencias personales como de una búsqueda seria, las palabras de Joan penetran en los rincones más recónditos de nuestras vidas y nuestros corazones, invitándonos a soltar todo aquello que hemos estado aguantando durante tanto tiempo que nos parece imposible que pueda ser de otra manera. Al leer este libro escucharás la voz de la sabiduría femenina, que te proporcionará la fortaleza y el bienestar

necesarios para continuar la a veces confusa y sorprendente aventura de vivir siendo mujer»
Oriah Mountain Dreamer, autora de *The Invitation*, *The Dance* y *The Call*.

«Casi nunca leo libros de autoayuda –me resultan fastidiosos–, pero el de Joan Borysenko es una joya. Es una mujer dotada y sabia, pero también es vulnerable y está sometida al estrés, las migrañas y el desgaste. Es una madre apasionada, una controladora obsesiva que aprende a soltarse, una trabajadora compulsiva que se recuerda a sí misma que necesita jugar. Escribe con sinceridad y profundidad, íntima y compasivamente. Este libro es como una amiga que está ahí cuando la necesitas, que sabe cómo te sientes antes de que puedas explicárselo, que te ayuda a reír y que hace que te sientas querida. Es un protector»
Sara Davidson, autora de *Cowboy: A Love Story* y *Loose Change*.

«Paz interior para mujeres muy ocupadas es como una bocanada de honradez, un jugoso banquete de sabiduría y una saludable dosis de consejos prácticos que aportarán sensatez a la vida de cualquiera. Joan Borysenko ha escrito un maravilloso manual de la buena vida»
Daniel Goleman, autor de *Inteligencia emocional*.

PARA JANET QUINN

Me siento agradecida
de tener esta amiga

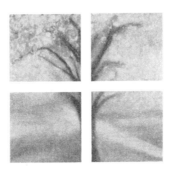

Prefacio

SOY UNA MUJER QUE DICE LA VERDAD

El peligro de los libros que tratan sobre cómo lograr el equilibrio es que pueden hacer que acabes con una muy mala opinión acerca de ti misma. Eliges un libro de autoayuda de la doctora Perfecta, o todavía mejor, de la doctora Yo-era-una-calamidad-pero-*ahora*-soy-Perfecta, pensando: «Si ella pudo hacerlo, yo también ¿Es que acaso soy la única con fantasías acerca de salir corriendo y dejarlo todo tal y como está?».

Si hay algo de lo que estoy segura es que es difícil llevar una vida atareada. A pesar de todos nuestros esfuerzos por contar con carreras profesionales de éxito, criar una familia feliz, disfrutar de una vida espiritual rica y dejar huella en el mundo, muchas mujeres muy ocupadas cargan en su interior con un fardo de angustia y pesar que no expresan. Es algo que está muy claro, aunque pertenezcamos a las generaciones que se supone que finalmente lo consiguieron todo. Para esas mujeres que tienen dos o tres empleos a fin de mantener a sus hijos y que no obstante apenas lo logran, un libro de ese tipo no puede abordar toda la complejidad de sus vidas.

Cuando me senté para empezar a escribir, decidí dar total libertad a mi corazón. El resultado fue el siguiente poema. Se lo envié a la lista de personas suscritas a mi boletín electrónico mensual,[1] y me animó mucho su acogida. Una madre se lo reenvió a sus dos hijos mayores, e imprimió una copia que guardó para otro más pequeño. «Así fue también para mí –les explicó en su carta–. Tal vez ahora podáis entender mejor mis elecciones y su coste.»

Si eres una madre joven que acaba de iniciar su periplo familiar/laboral/interior, tal vez ya habrás leído ese famoso libro acerca de qué esperar mientras te encuentras en estado de buena esperanza. El poema que estás a punto de leer trata de lo que puedes esperar con el paso de los años, a menos que empieces a buscar un equilibrio interior a partir de ahora. Pero incluso cuando la vida se pone difícil, las dificultades son el terreno del que acabará brotando tu sabiduría. Este poema es para ti, con la esperanza de que algún día puedas escribir acerca de un equilibrio más airoso para tus propias hijas.

Soy una mujer que dice la verdad

Los niños ya crecieron y ahora viven
en sus propios hogares.
Pero Nuestra Señora de la Culpa Perpetua
sigue morando en mí,
es un huésped no invitado
sin la suficiente vergüenza
como para hacer la maleta y marcharse.

«Encuentra un marido rico», me dijo mi madre mantenida.
Tienes lo necesario. Eres bonita y lista.
Pero no, yo quería vivir una vida distinta,
una vida liberada, acorde al nuevo tipo de mujer.
Liberada, para no ser una madre
con un delantal de los cincuenta,
hojeando las páginas del recetario de pasteles.
«Incluso una comida mundana se vuelve especial con
un pastel casero», asegura el libro.

Mi madre hacía galletas estupendas
y un pastel de chocolate de muerte,
mientras su vida se marchitaba
al irse tragando esas ayuditas maternas
para evitar que, como una granada,
en su corazón, explotase el pesar por los sueños
muertos y los hijos desagradecidos.

¿Cómo podía querer eso mismo para mí?
Yo quería más. Yo lo quería todo.
Una brillante carrera en un campo fascinante,
un marido amantísimo con el que tuviese
una gran y permanente relación sexual,
e hijos con talento musical
que resolviesen ecuaciones
y hablasen francés,
que creciesen y se convirtiesen en astrofísicos
o neurocirujanos famosos.
Una oportunidad para salvar la tierra, mientras
me iluminaba en esta vida preparando al mismo tiempo
comidas dignas de un gourmet, *partiendo de casi nada,*
moldeando unas nalgas de acero, practicando yoga,

decorando la excéntrica y bien diseñada Casa de mis
Sueños, y manteniendo la paz en el mundo.
Pero la realidad fue algo distinta.
Los niños no se apuntaron al tiempo de calidad.
Sólo querían tiempo. Cualquier tiempo. Eso fue todo.
Cambiarían de buena gana una habitación
repleta de juguetes por una mañana
de observarme leyendo el periódico
llevando una bata manchada de huevo.
Cuando los dejaba en la guardería
aullaban como si se los llevasen unos marcianos,
aferrándose desesperadamente a mis piernas
y suplicándome piedad,
con enormes lágrimas descendiendo
por sus angelicales mejillas.
Aunque se me rompía el corazón, tenía la esperanza de
que la guardería les daría carácter y resistencia.
Yo sentía ardor de estómago, tensión muscular
y culpabilidad.
También salía de allí con carreras en las medias y esas
pequeñas y pegajosas marcas de plátano aplastado
que decoran las prendas de tantas madres liberadas.

Prometí hacerlo mejor. Justo después de que
pudiera dormir algo, digamos que en algún
momento del siglo que viene.
Mi marido sugirió que estaría bien
tener relaciones sexuales.
Claro, pero dame unos minutos para que acabe con esto.
Espera que repase mi lista mental. Acostar a los niños.
Escuchar sus temores, alentar sus sueños.

*Leerles cuentos educativos. Enseñarles
a meditar. A rezar.*
*Cantarle a Justin para que se duerma. Masajearle la
espalda a Andrei hasta que se duerma.*
*Hacer la colada. Limpiar el aseo antes de que
llegue la inspección sanitaria.*
Limpiar las cacas del gato del suelo del lavadero.
OTRA VEZ.
*¡Maldito minino! Rezar para que nos visite
un halcón nocturno
y se zampe la mascota de la familia.*
Un momento. Eso no ha estado bien.
Apuntar que debo cepillar al gato mañana.
Darle el medicamento para la caída de pelo.
Cita para el reconocimiento médico.

Llamar a mamá AHORA. Llamar a mamá ¡AYER!
Empieza la conversación con una larga pausa.
Dura años. «Ah, ¿eres tú?
Creí que estabas muerta.»
*«Tal vez ésa será la única manera de descansar
un poco», le respondo.*
*Aparentemente no le hace gracia. Debe de creer que
estaba holgazaneando por el gimnasio, sin llamarla,
porque estaba comiendo uvas, recibiendo
un masaje y esperando a que se me secasen las uñas.*

*Hora de acostarse. Poner el despertador
a las 5:00 de la mañana.*
Debo correr un poco antes de despertar a los niños.
*Debo mantenerme en forma para que
mi esposo me encuentre atractiva.*

Si es que puede encontrarme. Está dormido,
gracias a Dios.
Al menos eso soluciona la cuestión sexual
por esta noche.
La mañana llega con rapidez.
Corro tres millas antes de que amanezca, despierto
a los niños, les preparo el desayuno, les preparo
unos sanísimos desayunos integrales que
les hacen gemir de indignación.
Quieren bollos de crema y pan blanco, como sus amigos.
Quieren tener una Madre de Verdad, que sepa lo
que es bueno en lugar de ponerse a hacer pan integral
con harina de soja y germen de trigo.
A continuación salimos hacia la guardería.
¿Podrá la mamá escapar y darse a la fuga
mientras los niños están distraídos?
Eso es lo que tiene en mente.
¿O bien se tratará de otra mañana de esas en que
se agarran a sus piernas y le parten el corazón?
Eso representa dos puntos para Nuestra Señora
de la Culpa Perpetua,
un feroz compuesto de crítica real e imaginada
de todas las madres perfectas que han existido.
Consigo reunir los puntos suficientes con tanta
rapidez que decido que debemos contratar
a una niñera, aunque para pagarle deba ponerme
a vender lápices en la calle.

La niñera doméstica con el carísimo
título de Desarrollo Infantil de Harvard,
cuyo sueldo es prácticamente superior al mío,
resulta estar majareta y por ello necesitar ayuda.

Todas las noches, al regresar del trabajo,
debo someterla al menos a
treinta minutos de psicoterapia intensiva
para evitar que colme su latente potencial como
invitada al programa de Jerry Springer.
Me pregunto quién trabaja para quién.
Me muero de ganas de despedirla,
pero es mejor que la guardería.
¿A que sí?
Me siento aliviada cuando ella se despide,
pero no obstante, lloro.

Me salto el trabajo para asistir a partidos de fútbol y
juegos escolares, recitales de saxo, encuentros de lucha,
competiciones atléticas y citas con el médico.
El tiempo libre es tiempo robado y devuelto
con intereses usureros.
Pago por esas horas con la médula de mis huesos,
trabajando hasta medianoche para recuperarlas
o los fines de semana,
esos Días Especiales de Descanso,
cuando tienes que poner al día toda una semana
de recados, limpieza, cocina y
salidas con los niños.

Los fines de semana están repletos de momentos
maravillosos, de rodillas
recogiendo bolas de polvo que albergan
generaciones de ácaros y arañas.
Gran parte del trabajo de esas mujeres
pasa desapercibido.
«¿Eres una obsesiva del trabajo o algo parecido?»,

murmura mi esposo, bebiendo una
cerveza mientras poda su colección de bonsáis.
Flashes de homicidio, o al menos visiones
de él vestido de doncella francesa,
empleado por un hombrecillo obsesivo compulsivo de
bigotes encerados, barba de chivo, y una larga lista,
pasan por mi otrora compasivo corazón.
Respiro hondo y sonrío: «No, sólo estoy
haciendo de madre».

Nadie me dijo que sería así.
Nadie lo sabía. O al menos muy pocas.
Y además, nadie iba a admitirlo.
Eso sería políticamente incorrecto.
Estábamos liberadas y nos gustaba, ¿a que sí?
Los gurús de la salud y la empresa no hacen más
que hablar de Vivir una Vida Equilibrada.
Me imagino que eso significa impedir
que se derrumbe el castillo de naipes y te pille debajo.
Aunque, si no hay más remedio, desmayarse
siempre te permite descansar un rato.
Mientras tanto, la vida continúa, y lo debes
hacer lo mejor posible.

Cuando me esfuerzo en el trabajo como la doctora
Científica, mientras los críos son pequeños, soy uno más.
Soy un tío con ovarios. Un tío con síndrome premens-
trual que se queda embarazado de vez en cuando.
Pero todo eso es invisible o al menos no viene al caso.
Lo cual significa hacer de científica, obtener
subvenciones, competir, ampliar el laboratorio,
conquistar el terreno, brillar en las reuniones anuales,

enseñar a estudiantes de medicina,
y cumplir mi papel además de otros y excitantes
encargos punteros como
formar parte del comité de la biblioteca,
del que, según un cariñoso y protector
profesorcito con pajarita azul con
manchas de salsa y una sonrisa tímida pero impúdica,
soy el Miembro Más Decorativo.

Vuelvo a trabajar seis días después de
la llegada de Justin, mi primer hijo.
No puedo demostrar ninguna debilidad ni pedir favores.
Me considerarían un Segundo Violín,
una actriz secundaria.
Y eso no es precisamente para lo que me preparé
durante seis años de universidad y posgrado.
Mi madre contrata a una niñera para que
se ocupe de Justin durante el primer mes.
Me siento como si lo diese en adopción.
La Pérfida Niñera apenas me deja echar
un vistazo al bebé cuando regreso a casa.
Podría perturbarle. ¿Darle de mamar?
¡Ridículo! Trabajo.
Le alimentan con leche maternizada, sellando
mi inutilidad materna.
No supe hacerlo mejor. No conozco a ninguna
otra mujer que haya hecho algo así.
En el laboratorio, me retiro al cuarto oscuro
para imprimir micrógrafos de electrones
y lloro en la soledad de esa noche
cenagosa y de fragancia de productos químicos.

Dee, el oso de peluche de Justin,
sin el que no puede vivir,
se ve relegado al cubo de la basura por la voluntad
de hierro de una suplente de madre
que está harta de que lo bañe en su
retrete y luego rompa a llorar porque el Amado Dee
está mojado y maloliente.
No estoy ahí para protegerle cuando
se llevan la basura.
A Andrei se le cae el primer diente de leche
en una alfombra extraña.
Creo que se lo comió el perro de la canguro.
Todo ello requerirá de años de terapia
a fin de que puedan digerirlo.
La mirada que recibo de las Madres de Verdad,
del tipo de las que se quedan en casa,
cuando voy al fútbol después de pedir
media jornada libre en el trabajo podría agriar la leche.

Nuestra Señora de la Culpa Perpetua susurra
por detrás de las telarañas de la
conciencia: «¿Quién te crees que eres,
para cambiar un sistema
que lleva ahí desde siempre?
Eva y la manzana no son nada
comparadas contigo,
Arruina-niños y
Destructora de la Raza Humana».
En las reuniones escolares siempre creo
que aparecerán los bomberos.
Se enumeran mis ofensas. Las capacidades
comunicativas de Andrei son deficientes.

*Aparentemente, no pasa el tiempo suficiente
con sus fichas didácticas.*

*Justin hace novillos. Creo que podría estar
fumando hierba,
bebiendo cerveza, pasándose
tardes fenomenales entre la espesura.
¿Ya ha llegado el momento de hablarle de sexo?
¿Es que los chicos regentan un burdel
en el sótano mientras Jezabel se lo monta?
Oh, Dios mío. ¿Qué puedo hacer?*

*Ya en la cincuentena, me puedo reír. Bueno,
más o menos.
Todos seguimos vivos, y contamos con el
material suficiente como para montar
un vodevil, en caso de que volvieran a
ponerse de moda.
Los chicos crecieron y me divorcié del marido,
al que una amiga apodó «el Exposo».
Es difícil mantener el fuego del amor ardiendo
cuando no hay nadie en casa para avivarlo.*

*Incluso ahora sueño de vez en cuando que «el
Exposo» y yo somos jóvenes amantes,
caminando de la mano
hacia un distante horizonte
repleto de dulces posibilidades.
Pero incluso en ese mundo de los sueños
no puedo evitar la realidad final.
Nosotros, que crecimos juntos,
no envejeceremos juntos.*

Nos hemos separado. Nuestra familia es
una estadística posmoderna más.
«Se suponía que no debíamos acabar así», le dije,
y me desperté con lágrimas en la almohada.

En algún punto del recorrido, estar ocupada
se convirtió en un modo de vida.
En último término, es un bastión que evita
que me engulla y me arrastre
un océano de pesar.
Por algún motivo, ahora estoy más ocupada
que nunca, aunque sólo tenga que
ocuparme de mí y de tres perritos.
Además, cuento con Ayuda.
Finalmente gano suficiente dinero para alquilar
a la Esposa que anhela toda mujer trabajadora.
Pero el mundo parece haber cobrado
una Velocidad Perversa,
y mi esposa de alquiler no se basta
para contener el oleaje.
Mi correo electrónico engorda con anuncios
que me dicen cómo ganar un dinerito extra
mientras paso la aspiradora, mejorando mi piel,
alargando mi pene,
y aprendiendo italiano,
todo al mismo tiempo.
Lo de alargar el pene suena interesante,
pero no en esta vida.
También paso del resto de las ofertas. No tengo tiempo.
No sé cómo conseguí hacerlo todo en los Años de Madre.
Ahora me da la impresión de que necesito
todo el día para cepillarme los dientes.

¿Qué pasó con los críos?
Ahora son jóvenes guapos, y me siento
orgullosa de ellos.
Cuentan con grandes virtudes, así como
con heridas graves pero no mortales.
Tienen alegrías y pesares, pero ¿quién
se libra de eso?
Saben que se los quiere y son lo bastante mayores
para saber cómo conseguir salir adelante
y crear una vida para todos nosotros.
Son lo bastante mayores para estar agradecidos.
Me hacen llorar y estremecerme de placer.
Todo valió la pena; los quiero con locura.
Los chicos son lo más importante que he hecho.

Ahora se preguntan cómo vivirán y procrearán.
No quieren participar en la red de guarderías.
Quieren participar en la educación de sus hijos.
Pero se ven enfrentados a Importantes Elecciones.
¿Comprar una casa y pagarla a lo largo de los años?
¿Conseguir dos empleos e invitar a cenar a Nuestra
Señora de la Culpa Perpetua?
¿Adquirir un coche nuevo y pagarlo con tu corazón,
con tus huesos o tu matrimonio?
¿Comprar los Juguetes que Todos los que
Son Algo Necesitan y pagarlos con pesadillas
de madrugada cada noche?
¿Hasta dónde hay que llegar?
¿Qué es lo que realmente importa?
¿Cómo debemos vivir?
Son lo suficientemente mayores para saber
que hay elecciones difíciles y correctas.

Algunas son erróneas a pesar de las mejores intenciones.
Tal vez lo más importante que aprendieron
al observarme forcejear con elecciones
que sus abuelas nunca tuvieron que realizar
es que el tiempo es
el don más preciado
que puedes ofrecerle a tu familia.

Mi generación de mujeres se abrió paso a través
de densas junglas a machetazos.
El resultado puede no ser elegante,
pero creó la luz suficiente
para que nuevas generaciones de mujeres
—y de nuestros hijos— pudieran ver el camino.
El mundo fluye, tornándose nuevo a cada momento,
de manera tierna y dolorosa a la vez.
La señora Francis murió. Mi madre también se marchó.
Yo, antaño joven, paso a ocupar
la fila posterior en las fotos familiares,
la matriarca de una nueva clase
de familia, disgregada y dispersa.
Pero todavía no estoy muerta. Observo a mis hijos,
y espero ver a los hijos de mis hijos
reinventando el mundo.
Llevará tiempo, y para ello harán falta mujeres
con corazones y mentes fuertes.
Mientras tanto, hemos de aprender a
vivir por nosotras mismas,
así como a ganarnos la vida
en un mundo que nunca duerme.

Por eso decidí escribir este libro.
No es un libro práctico.
De haber conocido el secreto para acabar
con el hambre de tiempo actual[2]
(las palabras mágicas que hacen que
Tenerlo Todo resulte fácil),
de haber sabido qué era
verdaderamente Tenerlo Todo,
hubiera sido rica y famosa,
me habría secado las uñas en el salón de belleza,
o meditado en el bosque,
esperando la iluminación.
Todavía no he decidido qué camino acabaré tomando.
Probablemente ninguno, pues aunque me quejo
con sonceridad de estar
demasiado atareada, elijo esta vida
y sigo eligiéndola a diario.

Pero sé que tengo elección,
algo de lo que carecieron muchas generaciones
de mujeres pasadas.
Es algo muy valioso.
El Nuevo Mundo de las Mujeres es algo
que está en marcha.
No sé adónde irá a parar,
pero sí que sé que estará bien llegar entera.
Conseguirlo significa permanecer intacta
allí donde la fuerza centrífuga
de un mundo que gira con demasiada rapidez
amenaza con hacernos picadillo.
Un brazo por aquí.

Una pierna por allá.
Un corazón quién sabe dónde.

Está bien saber cómo regresar a casa,
a una misma, al cabo de años
de caminar por el desierto,
reseca y perdida.
Está bien reconocer que las mujeres realizan
tareas ocultas incluso más vitales que fregar
la taza del retrete
mientras se suben las medias.
Tejemos la red que sostiene el mundo.
Y si las mujeres olvidasen cómo hacerlo,
Todo se perdería.
Eso es lo que quiero compartir contigo en estas páginas.

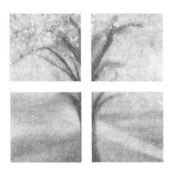

Agradecimientos

Empecé escribiendo una corta y concisa sección de agradecimientos. Obviamente, esta épica balada de acción de gracias no lo es. Al ir pensando en la gente que hizo posible este libro, la gratitud se convirtió en una meditación sobre cómo las mujeres se apoyan entre sí gracias a su amistad. Como muchas de mis amigas también son colegas que cuentan con todo tipo de licenciaturas, reflejar esas credenciales tan duramente obtenidas haría que este capítulo pareciese un anuncio en un edificio de consultas de médicos. Así que abandoné todos los pedigríes profesionales. Espero que las maravillosas mujeres que quedaron afectadas por esa acción no me lo tengan en cuenta, sabiendo que las honro profesionalmente tanto como las aprecio con todo mi corazón.

Más allá de nuestra titulación y descripción profesional, las mujeres conformamos una invisible red de amistades que sostiene el mundo. Nos apoyamos y nos amparamos diciendo nuestras verdades, compartiendo nuestras risas, honrando nuestras lágrimas, y estando presentes durante los muchos y difíciles sucesos, alegrías y pesares de la vida. La sabiduría que yo pudiera poseer no es más que el resultado de esa red de apoyo, honradez, amor y cariño.

Doy mis más sinceras gracias a todas las mujeres que han asistido a mis retiros y programas a lo largo de los años. Habéis sido como hermanas para mí en este viaje de la vida, aunque nuestros caminos puedan haberse cruzado brevemente. Las percepciones de muchas y queridas colegas con las que he tenido el placer de trabajar en programas dirigidos a mujeres aparecen entretejidas en estas páginas. Entre esas mujeres sabias están Elizabeth Lawrence, Janet Quinn, Loretta La-Roche, Joan Drescher, Jan Maier, Anne DiSarcina, Karen Drucker, Lili Fournier y Mary Manin Morrissey, por nombrar a unas pocas. Hay muchas más, y vosotras ya sabéis quiénes sois.

La elocuente sabiduría de Janet Quinn acerca de los tiempos de transición, sobre cómo vivir en «el lugar que hay entre el ya no y el todavía no», y cómo entregarse a la incertidumbre en tiempos de «no sé», me ayudó a sobrevivir a través de épocas muy difíciles. Su amor y sabiduría informa mi vida así como mi trabajo. No podría imaginarme la vida sin ella. El poema del Prefacio, «Soy una mujer que dice la verdad», está inspirado en el libro de Janet, *Soy una mujer que encuentra su voz: celebrando las extraordinarias bendiciones de ser mujer.*

Esta obra está permeada por el toque ligero y la profunda honradez de Loretta LaRoche, incluyendo el pensamiento de que vivirás mejor si piensas en lo que te gustaría ver escrito en tu lápida, como «Conseguí hacerlo todo, pero también me morí». A «Su Santidad la Alegre Lama», como llamo a Loretta, y a mí nos gusta hacer las cosas juntas siempre que podemos, convertir nuestra tarea en risas y nuestras risas en tarea.

Elizabeth Lawrence y yo, seis hijos entre las dos, hemos compartido las alegrías y desafíos de la vida durante unos buenos veinte años, apoyándonos la una en la otra cuando el mundo se venía abajo. Beth vino volando en mi ayuda en un instante, Dios la bendiga, y con ella hemos viajado por el mundo exterior y el interior. Ella es la coautora (allá a finales de la década de 1980) de nuestros retiros «Reunión de mujeres», mi primera incursión en el mágico mundo de las féminas.

Luzie Mason y Kathleen Gilgannon, mis compañeras de trabajo cotidiano, sostuvieron mi mano durante el tiempo que estuve escribiendo este libro y han sido unos apoyos magníficos, como son las amigas de verdad en cualquier esfera de la vida. Luzie me mantiene organizada y concentrada en la tarea. Es mi embajadora telefónica y de correo electrónico, muy querida de todos los que la conocen, incluso a distancia. Kathleen me enseña tres grandes lecciones a diario: (1) mantén tu conexión con el espíritu, (2) sigue tu guía interior y (3) sé muy amable contigo misma incluso cuando te parece que eres una idiota. También es rabiosamente graciosa y sabe hornear un pan estupendo.

Brook Eddy es un gran contacto con el mundo de las mujeres jóvenes. Es mucho más sabia de lo que podría parecer por su edad, y estoy muy agradecida a su perspectiva y sus constantes recordatorios de que debo tratar de alcanzar aquello que realmente quiero. Chris Hibbard hace tiempo que convirtió mi familia en su familia, y ahí ha estado con su amor y lealtad en lo bueno y lo malo. Podría contar muchas cosas acerca de lo que hemos aprendido juntas, pero ella ya lo sabe. Andrea Cohen ha proporcionado respiros y ritual, risas y sabiduría, investigación y compañía para ir de compras, así como correos electrónicos increíblemente graciosos que podrían conformar un libro por sí mismos. Mi amiga Sara Davidson ofreció su sólido apoyo y su experiencia de escritora para este libro, por no mencionar la manera en que desafió a los elementos invernales para traerme la cena a lo alto de la montaña.

Hay otras muchas mujeres en esa red cuya amistad ha sido indispensable para recorrer el camino. Entre ellas está mi querida amiga Celia Thaxter Hubbard, cuya generosidad me ha ayudado a todos los niveles a lo largo de muchos años. Cheryl Richardson, Mona Lisa Schulz, Robin Casarjian, Hong Leng Chiam, Oriah Mountain Dreamer, Rachel Naomi Remen, Christiane Northrup y Therese Schroeder-Sheker son mujeres inspiradoras que han ofrecido grandes cosas al mundo. Todas ellas me han recordado en momentos críticos que yo también cuento con dones que ofrecer. Su inspiración, ánimos, cariño y apoyo estuvieron ahí cuando más los necesité. Cuestión de gracia, un milagro. Me siento muy afortunada y bendita por conoceros a todas. A veces me pellizco y me pregunto qué he hecho para merecer vuestra bondad y cariño.

Y a mi amigo Adam Engle, gracias por animarme a vivir en equilibrio incluso cuando el monumental esfuerzo de escribir este libro casi me hizo comerme mis propias palabras. A mis hijos, Justin y Andrei, y a mi hija del alma, Natalia: os amo muchísimo. Sois mi legado y mi alegría. Gracias por dejarme compartir unas cuantas de nuestras historias familiares. Espero haberles hecho justicia.

A todo el personal de Hay House, mis héroes. Gracias una vez más a Reid Tracy, por hacer posible que pudiese decir mi «paz». Tu fe en mí significa mucho y tu ayuda me ha permitido seguir el espíritu interior a lo largo de todos estos años. Tú, Louise Hay, mujer hermosa, sabia y generosa, siempre has sido una inspiración para todas nosotras. Muchísimas gracias a Jill Kramer, cuya enorme habilidad editorial ha hecho posible revisar este y otros tres manuscritos; a todos los diseñadores gráficos de Hay House.

Y a Ned Leavitt, un agente maravilloso, un alma hermosa y un amigo de verdad.

Finalmente, quisiera reconocer el trabajo de muchas escritoras que me han influido personalmente y en ocasiones también en el estilo del texto. Poco antes de que empezase a escribirlo, me pasé despierta tres noches corriendo, riendo y llorando mientras leía la novela de Allison Pearson acerca de una madre trabajadora, titulada *I Don't Know How She Does It: The Life of Kate Reddy, Working Mother.* Reconocerás su influencia en el Prefacio, así como en una o dos frases, en las que reconozco su maternidad, como digo en el Epílogo. Una de mis autoras favoritas es mi amiga Oriah Mountain Dreamer, cuyos libros deliciosos también he citado. Elizabeth Berg, una de las primeras escritoras a las que leía que hablaba de la verdad de nuestras vidas, inspiró la sección de regresar a nosotras mismas. En el texto hallarás referencias a otras escritoras. Espero que hayas disfrutado tanto de sus libros como de éste.

Y a Dan Goleman, ¡muchas gracias por el subtítulo!

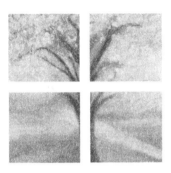

Introducción

CUANDO CAMBIA LA MAREA

Las jóvenes de la generación de mis hijos crecieron pensando acerca de la familia y el trabajo de una manera distinta a como lo hicimos muchas *baby boomers* (las nacidas entre el fin de la segunda guerra mundial y la década de 1960) como yo. Ahora la mayoría son madres trabajadoras. Cuando yo era pequeña eran una rareza. A menos que provinieses de una familia pobre, en las que las mujeres siempre habían trabajado y luchado para alimentar a sus familias, existían muchas probabilidades de que tu propia madre se ocupase de sus labores domésticas.

Así ocurrió con la mía, que empezaba cada día preparándose un nutritivo desayuno, al menos hasta que aparecieron los Bonys.

Mi madre y yo teníamos opiniones sobre el mundo tan distintas como Marte y Venus. La marea cultural estaba cambiando, y lo hacía con mucha rapidez. Florecía un nuevo mundo de oportunidades laborales para las mujeres de mi generación. Podíamos acudir a la facultad de Derecho, Medicina o Empresariales y graduarnos en muchas disciplinas. Magisterio y Enfermería, carreras maravillosas, dejaron de ser las únicas ocupaciones disponibles para nosotras. Daba la impresión de que todo era posible: trabajar en la profesión de tu elección, tener una familia a la que amar profundamente y poseer una rica vida interior que te proporcionase orientaciones sólidas en un mundo lleno de incertidumbre.

Mi madre se sentía incómoda en esos tiempos cambiantes. En mi familia hay un chiste que dice que me criaron para crecer y casarme con un médico. Ésa era la medida del éxito para una mujer con mis antecedentes nacida en la década de 1940. La vida independiente que yo quería, que incluía *ser* la profesional en lugar de casarme con uno, le resultaba aterradora y extraña a mi madre. Ella había sobrevivido a la Gran Depresión. Había llorado la muerte de los judíos en el Holocausto. Había sobrevivido a dos guerras mundiales, a un rabioso antisemitismo, a enfermedades graves de personas queridas, y a muertes anunciadas y repentinas. Como otras muchas madres, también quería una vida mejor para su hija. Eso incluía que me cuidase un hombre capaz, de manera que no tuviera que trabajar ni preocuparme del dinero.

Mamá tenía cuarenta años cuando yo nací. Cuando yo era una joven, ella ya se encontraba en un estado de gloriosa menopausia total. Su cantinela constante a lo largo de mis años de universidad fue: «Eres más inteligente de lo que te conviene. A los hombres no les gustan las mujeres listas. ¿Qué quieres decir con eso de que quieres ser científica? ¿En qué estás pensando? Eso es mucho decir. ¡Cásate con un hombre rico y espabila!».

La suya era la voz de la resistencia social frente al nuevo papel de la mujer, una muralla levantada sólidamente a partir de «cómo han sido las cosas durante el último millón de años o así». Mi generación tuvo que escalar esa muralla con la ayuda de piquetas. Si resultaba difícil –que lo era, y todavía lo sigue siendo–, nos guardábamos muy mucho de admitirlo, a riesgo de tener que escuchar el estribillo de «ya te lo dijimos. El lugar de una mujer está en casa». Hasta hace bien poco, era políticamente incorrecto mencionar que equilibrar el trabajo y la familia, a la vez que contar con tiempo para alimentar tu espíritu, era pedir mucho. Sólo ahora, cuando una segunda generación de mujeres está ascendiendo la muralla, nos sentimos lo suficientemente seguras para detenernos durante un minuto y decir: «Vaya, qué difícil es tirar adelante. A veces estamos cansadas, estresadas, y corremos peligro de cerrar y perder nuestros corazones. Pero si compartimos la verdad de nuestras vidas, podemos hallar una manera mejor. Esto es lo que hemos aprendido y que puede facilitarte las cosas».

Durante el cambio de la marea las aguas son turbulentas y agitadas. Y en caso de una revolución cultural tan profunda como ha sucedido con el papel de la mujer, no podemos esperar que las aguas se calmen en tan sólo un par de generaciones. Las mujeres de mi edad no podemos recordar una época en la que no pudiéramos votar o utilizar medidas de control de la natalidad. Tal vez la generación de nuestras tataranietas no recuerden los límites de «la era de la codicia y las prisas», que es como una contundente escritora ha apodado estos tiempos modernos.

La mayoría de las mujeres casadas tienen dos ocupaciones de tiempo completo: su carrera profesional de día, y luego el trabajo nocturno, cuando deben ocuparse de las necesidades de su familia. El hecho de que la mujer casada y trabajadora media lleve a cabo tres horas de trabajo doméstico al día, mientras que su esposo tan sólo dedica a las mismas tareas diecisiete minutos, debería abrirnos los ojos. El aumento de la sensación de ultraje al ser estrujadas ha desencadenado una epidemia de divorcios, que está dejando a millones de niños desconsolados a solas con su dolor. En este país las mujeres inician dos tercios de los divorcios. Como el número de mujeres que trabajan no tiene precedentes y como hemos logrado una independencia económica desconocida hasta ahora, somos capaces de abandonar relaciones que dejan de nutrirnos. Muchos de los ensayos que aparecen en este libro suscitan preguntas acerca de cómo podemos participar en relaciones que *sí* nos alimenten, de manera que seamos capaces de disponer de mejores oportunidades para mantener unidas nuestras familias.

Las mujeres queremos coexistir en los lugares de trabajo que hacen algo más que tolerarnos, y esperamos tener matrimonios que sean auténticas asociaciones. Deseamos ser apreciadas de tal manera que nos permita manifestar nuestras virtudes e inteligencia como parte de un todo más grande. La manera relacional e intuitiva de la mujer de saber y trabajar, aunque es distinta de la de la mayoría de los hombres, puede ser un maravilloso complemento de ésta. En el terreno familiar, queremos poder elegir sin estigmas. Tanto si escogemos permanecer solteras o vivir en hogares monosexuales o heterosexuales, merecemos ser respetadas por ello. Siempre queremos ser honradas como madres solteras y contar con la oportunidad de trabajar en empleos con horarios flexibles que nos ayuden a mantener nuestro estilo de vida.

Hojas de ruta para el camino

La sabiduría de la mujer ha sido tradicionalmente transmitida mediante historias y relatos. Al compartir entre nosotras las historias de nuestras vidas, dejamos hojas de ruta que detallan tanto tesoros como trampas, abriendo el camino para la generación siguiente. Y no sólo dejamos esas hojas de ruta a nuestras hijas, sino también a nuestros hijos, que esperamos que sean compañeros igualitarios a la hora de crear un mundo en el que pueda haber paz en las familias y entre las naciones, así como una oportunidad para que ambos sexos puedan vivir vidas equilibradas y afectuosas en mutua compañía.

Una mañana en que mis hijos –Justin y Andrei– tenían veinte y dieciséis años, nos sentamos juntos a la mesa de la cocina. Era una mesa nueva, de contrachapado de roble, de líneas claras y superficie impecable. La vieja y rayada mesa de arce de patas torneadas en la que comieron sus cereales de pequeños, donde dejaron marcados sus dedos pintados mientras yo escribía conferencias y repasaba diapositivas para el trabajo, y donde habían hecho sus deberes y compartido incontables comidas, había sido donada a Cáritas. Con ella desaparecieron los restos arqueológicos de su infancia: la marca de la pata en la que Justin, cuando tenía unos seis años, había probado su nueva sierra, regalo de cumpleaños, las marcas dejadas por los dientes de *Max*, nuestro rottweiler familiar y los restos pegajosos de los residuos de más de quince mil comidas (calcula tú misma), que se habían endurecido hasta convertirse en un sedimento petrificado en las hendiduras de la madera.

Fue el final de una era. Esa mañana mantuvimos una charla entre iguales. Tres adultos compartiendo sus recuerdos de una vida juntos que había pasado con tanta rapidez como un chubasco a media tarde. Justin, que había venido de la universidad para pasar el fin de semana, estaba pensativo. Su hermano pequeño, Andrei, estudiante de segundo año en el instituto, escuchó atentamente todas sus palabras. Si alguna vez hubo dos hermanos que se quisieron, esta pareja sería su arquetipo. Incluso en mis peores momentos pude saborear su unión y pensar que tal vez yo había hecho algo bien.

Su infancia fue demasiado difícil, señalaron, mientras bebíamos zumos y café. Como padres, tomarían decisiones distintas. Justin dijo que sabía que yo necesitaba trabajar, no sólo por necesidad económica, sino también por mí misma, para satisfacer un impulso creativo y tratar de dejar una influencia positiva en el mundo. Lo respetaba, afirmó con voz suave. *Me* respeta.

A los veinte años ya ha pasado el narcisismo obligatorio de la niñez. A Justin se le ha caído la venda de los ojos y ya no me ve como un pezón del que puede mamar, sino como una persona igual que él. Eso es nuevo y emocionante. Ahora somos dos, ya hemos dejado de ser una unidad madre-hijo. Para este jovencito he renacido fresca y nueva. A través del vínculo fraternal, también Andrei me ve con una nueva mirada, al menos por el momento. Declaramos una tregua temporal en el torbellino de la adolescencia, en ese tránsito en el que debe separarse de su madre para poder ser él mismo.

En la cocina reina la calma y la paz. No hay riñas, sólo dos chicos y su madre compartiendo la verdad del fin de la niñez.

—La guardería es demasiado dura para los niños –dice Justin, con un velo de lágrimas no lloradas dándole un aspecto soñador a sus increíbles ojos verdes–. El día se hace muy largo y de lo único que tienes ganas es de estar en casa, con tus padres, tus mascotas, hacer la siesta en tu propia cama. Te sientes muy solo, aunque haya otros muchos niños. No conozco a nadie que no la odiase.

Andrei asiente. Está cuatro años más cerca de la experiencia y más disgustado con ella, y con la vida en general.

—La abuela Lilly estuvo en casa contigo –me recuerda–. No sabes lo que es que te dejen con unos extraños cada mañana, sentirte mal sin nadie que te consuele, esperando a que te llamasen a ti o a papá, y teniendo que esperar dos horas hasta que se presentaba alguien a buscarte. Lo hiciste lo mejor que pudiste, ya lo sé. Pero nunca llevaré a mis hijos a la guardería. No tendré hijos a menos que mi esposa o yo podamos quedarnos en casa con ellos.

Me pregunto si algún día tendrá que tragarse esas palabras. Me estremece una oleada de tristeza al reconocer con claridad la diferencia entre el futuro que imagina y las complejidades que la vida manifestará. Miro en los sinceros ojos azules de este hombre-niño.

—Siento mucho que mis decisiones te causasen tanto daño. Lo hice lo mejor que supe.

La conversación pasó a tratar de la capacidad de resistencia. ¿Qué cualidades desarrollaron los chicos por el hecho de que ambos padres trabajasen? «Cocinamos bien», dijeron al unísono. Y es cierto. Recordamos la noche en la que hice huelga de mis deberes culinarios, hace unos tres años. Durante mucho tiempo, al regresar del trabajo había estado preparando una sabrosa cena familiar partiendo de cero. Nada de bases de hamburguesa ni platos congelados en casa. Los chicos, no obstante, hubieran preferido ir a McDonald's, y una noche así me lo hicieron saber. Mientras reíamos y recordábamos la «noche de la huelga», le sacamos jugo a la memoria. Esa noche jugamos a algo así:

—Buenas noches. Soy vuestra madre –dije–. Hoy seré vuestra servidora, igual que todas las noches desde que nacisteis.

—Buenas noches –contestaron ellos–. Somos tus hijos. Esta noche seremos tus comensales igual que lo hemos sido todas las noches desde nuestro nacimiento. No nos gusta nada esta comida. ¿Es que no podemos comer comida de verdad como nuestros amigos? Queremos Coca-Cola, no zumo de mango recién exprimido ni agua mineral proveniente de pozos cristalinos de Tasmania. ¿Y qué tal una *pizza* congelada? Con salami, por favor. Estamos hartos de ser unos bichos raros.

—Estupendo –dije yo–. Dejemos que cocine papá, o que cocinéis vosotros.

Y a partir de esa noche eso es lo que pasó la mitad de las cenas semanales. En mi primera noche libre, dejé un pollo para que los hombres lo asasen al horno y salí a dar una carrera al anochecer. Cuando regresé, la casa no olía a deliciosa comida. Como de costumbre, abrí el horno. El asador estaba encendido, todo estaba bien, pero mi marido había metido el pollo en el cajón de las sartenes de debajo del horno. Pedimos *pizza* por teléfono.

Los hombres de la casa adquirieron una parrilla de gas, un retroceso atavista a las hogueras de los «grandes cazadores». Nuestro hogar semivegetariano se convierte en una barbacoa mongola. Los niños pasan a ser voraces carnívoros tras toda una vida de privación. En mi cabeza bailan visiones de agentes cancerígenos goteando desde la sucia rejilla a sus platos. Pero ahora es asunto suyo. Mantengo la boca cerrada y no me meto. La vida continúa. En algún momento los chicos tenían que empezar a realizar sus propias elecciones.

Cocinar no es la única cualidad que los chicos desarrollaron al crecer en una familia en la que ambos padres trabajaban. Tenían una visión de la vida mucho más realista que yo, y una percepción muy aguda de las consecuencias de sus elecciones. El dinero o la vida, para ellos es algo más que el título de un libro. Es una cuestión con la que luchan a diario en una sociedad de consumo enloquecida. Cuando se casen, las familias que formen se enfrentarán a los mismos desafíos que su familia de origen. Pero, por fortuna, dispondrán de una percepción del terreno mejor de la que tenían sus padres, por lo que su periplo tal vez sea más suave.

Este libro pretende ser un compañero para tu viaje. No es un libro de respuestas, de estrategias de gestión o administración del tiempo, ni de prácticas de oración de un minuto, aunque sin duda todo eso puede ayudarte a mantenerte a flote. En el primer volumen de esta serie, *Paz interior para gente muy ocupada*, ya perfilé cincuenta y dos útiles estrategias de ese tipo.

La virtud de este segundo volumen, creo yo, es doble. Primero, señala aquello que sienten tantas mujeres muy ocupadas: cuando se nos permite saber lo que sabemos y sentir lo que sentimos, es posible respirar hondo. Estamos cuerdas. Decir la verdad sobre nuestras vidas podría dar la impresión de ser una queja continua, pero es mucho más que eso. Cuando la realidad aparece sobre la mesa, podemos quitarnos el estrés del cuerpo. Entonces somos capaces de hacer eso que las mujeres hacemos tan bien: hablarnos hasta que emerjan formas y maneras de crear un nuevo mundo a partir de las cenizas del viejo. Ésa es la esencia de la vida espiritual.

Segundo, espero que mis palabras le hablen a tu corazón, a ese centro de sabiduría y compasión que es el crisol de tu paz interior. Cuando nos centramos ahí, los aspectos prácticos de una existencia atareada resultan mucho más fáciles de gestionar. Y descubrirás que hablo con mucha claridad acerca de los aspectos prácticos de la vida. Una intensa vida interior debe apoyarnos a la hora de realizar los cambios necesarios para dar forma a vidas externas auténticamente satisfactorias y sostenibles, para nosotras, nuestros hijos y la comunidad global.

Las mujeres tejen la red invisible que mantiene el mundo unido. Si la red se debilita, perderemos la oportunidad de darle la vuelta al mundo en estos caóticos tiempos. Pero si damos la cara a los desafíos que surgen en estos tiempos de transición con honradez, sinceridad y sabiduría práctica, podemos ayudar al nacimiento de un nuevo mundo. Existe un antiguo proverbio cheyene que dice que una nación se pierde cuando los corazones de las mujeres caen al suelo, por muy potentes que sean sus armas o fuertes sus guerreros. Mi esperanza es que tu corazón permanezca fuerte y abierto, que establezcas una vibrante relación con tu propio ser interior –y con aquellas personas a las que amas–, y que ésta proporcione el alimento necesario para un viaje estimulante y con sentido.

Hablando de aspectos prácticos, te darás cuenta de que los ensayos de este libro son de tres tipos. Algunos son historias de mujer a mujer acerca de la realidad de nuestras atareadas vidas, otros tratan de interesantes investigaciones y la tercera categoría presenta principios espirituales que se centran en diferentes aspectos de tu vida interior. Espero que te resulte útil, tanto si tus antecedentes son religiosos como laicos.

Únete a mí, y juntas descubriremos algunas maneras para por fin hallar algo de equilibrio, integridad y paz en nuestras vidas.

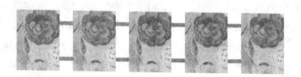

Paz interior para mujeres muy ocupadas

Poner tu agitada vida en perspectiva

Sufrimiento achampañado

Me hallaba en un congreso, de pie en la cola del *buffet* libre con unas seiscientas mujeres más, en un frío y despejado día de invierno en Rhode Island. La mujer de al lado me preguntó: «¿Podría hablar contigo un minuto sobre la conferencia que diste esta mañana?». Era una persona de rostro dulce, en la cuarentena, que quería compartir importantes reflexiones sobre las madres trabajadoras y el concepto de equilibrio. Se veía que estaba incómoda, dudando entre decir o no a una supuesta experta lo que realmente pensaba. Pero lo que me señaló me recordó lo privilegiada que soy al poder pensar en términos de equilibrar o compaginar trabajo, familia y vida interior. Puede que sufra si todo se desequilibra, pero eso no es más que lo que el maestro budista Sogyal Rímpoche denomina «sufrimiento achampañado».

—He venido con un grupo de unas treinta amigas —empezó a decir la mujer de la cola–. Estuvimos de acuerdo contigo hasta que llegaste a la parte sobre cómo cambiaron las vidas mujeres tras la segunda guerra mundial, cuando éstas empezaron a trabajar masivamente. Pues bien, las mujeres trabajadoras no son ninguna novedad en esta comunidad. La mayoría de mis amigas y yo misma provenimos de familias en las que las mujeres siempre trabajaron. Nuestras madres, nuestras abuelas, todas las mujeres, se esforzaron para poder llegar a final de mes. Incluso los niños se pusieron a trabajar para mantener a la familia en cuanto fueron lo suficientemente mayores para encontrar un empleo.

Un sonrojo revelador apareció en mi rostro al reconocer un gran fallo en mi pensamiento. Ahí estaba yo, hablando de equilibrio, como si todas las mujeres fuesen unas privilegiadas preocupándose de si estaban viviendo una existencia lo más satisfactoria posible. Pensé en las generaciones de norteamericanas que trabajaron en factorías, talleres y fábricas en condiciones de explotación, en granjas y en todo tipo de trabajos. Estaba pontificando acerca del equilibrio trabajo-vida cuando en realidad había tantas mujeres –en el pasado y en el presente– que tenían preocupaciones más acuciantes que ocuparse de sí mismas y de su iluminación espiritual. Lo que realmente querían era alimentar, vestir y educar a sus hijos.

El fallecido psicólogo Abraham Maslow, pionero en el campo del potencial humano, escribió sobre lo que denominó la «jerarquía de necesidades»: si estás ocupado en la supervivencia básica, es decir, alimentos y cobijo, las necesidades de un orden más elevado, como el equilibrio, resultan mucho menos acuciantes. Probablemente ni siquiera aparezcan en tu radar. Satisfacer tus llamadas más profundas como ser humano, ofrecer tus dones al mundo y actualizar tu potencial psicológico y espiritual sólo llega después de pagar las cuentas que hacen que tu familia tenga un techo que la proteja y comida en sus estómagos.

Cada vez que voy a la manicura, un privilegio, lo sé, me maravillo ante las mujeres vietnamitas que llevan el salón de belleza. Todas ellas son inmigrantes que en su mayoría trabajan de diez a doce horas al día, seis días a la semana. Los domingos son para la iglesia, los recados y la limpieza. Las actividades de ocio son escasas y la idea de que una vida equilibrada debería incluir tiempo para relajarse está de todas todas por debajo del radar de su «jerarquía de necesidades» personal. Casi todas ellas tienen niños en casa y se ocupan de familiares inmigrantes: madres y abuelas, tías y suegras. La familia consanguínea es una bendición para esas mujeres y una necesidad, ya que en ella encuentran un lugar de refugio en una nueva cultura.

La propietaria del salón de belleza trabajó durante sus dos embarazos. Inclinarse para llevar a cabo pedicuras (sobre todo mientras se respira el aire cargado de acetona) resulta difícil aunque no se esté embarazada. Pero ella estuvo encantada a lo largo de sus embarazos y regresó al trabajo pocas semanas después de cada cesárea. Cada vez que le preguntaba cómo se encontraba y cómo se las arreglaba para ocuparse de los pequeños mientras trabajaba tantas horas, la respuesta llegaba junto con una sincera sonrisa: «Estoy cansada, pero bien. Cuánto trabajamos las mujeres, ¿verdad? Tenemos suerte de poder contar con un empleo, mucha suerte. Así podremos proporcionar a nuestros hijos una vida mejor y una buena educación».

Una tarde me decidí a pasar para una manicura y una pedicura. Acababa de regresar de un viaje de trabajo que se había alargado durante una semana y había llegado a casa, con el tiempo justo para hacer otra vez la maleta y volver a salir de viaje a la mañana siguiente. Sentía pena de mí misma, y me iba cociendo en mis propios pensamientos, que no dejaban de darme vueltas en la cabeza. «Pobre de mí. Cuánto trabajo. Tal vez debería limitarme a dejarlo todo y vivir una vida de verdad.» Sentía los músculos tensos y soñaba con una clase de yoga a la que no iba a tener tiempo de ir. Estaba molesta e irritable, intentando borrar media docena de recados de mi lista y conseguir que me hiciesen las uñas durante una breve pausa. Había perdido la perspectiva por completo. Pensé que llevaba una vida demasiado dura.

La joven madre que me hacía la manicura mientras yo me abandonaba en un sillón de masaje caliente me miró con sus dulces ojos llenos de admiración. «Qué suerte tiene usted», señaló, sonriendo feliz al pensar en mi vida, para ella obviamente más ventajosa. «Sí, la tengo», contesté, recordando repentinamente lo cierto que era. He conseguido satisfacer muchas más cosas además de mis necesidades básicas. Podía alimentar y educar a mis hijos. Estoy todo lo sana y segura que puede estar una persona en un mundo lleno de incertidumbres. El trabajo que tengo es fascinante y me llena. Cuento con una notable libertad de elección, de una clase de la que carece la mayoría de las mujeres de nuestro tiempo.

Atravesar esta época de transición para las mujeres a fin de llegar a un lugar en el que podemos compaginar el trabajo, la familia y nuestras vidas interiores es todo un privilegio. Podría haber sido una abuela afgana, iraquí, africana o incluso del pasado en este mismo país, privándome de comer para que mis nietos contasen con una oportunidad de sobrevivir. Podría haber sido una madre china obligada a abortar un hijo deseado. Podría haber sido mi propia madre. ¿Qué vida carece de desafíos? Puede que a veces me toque sufrir, pero me siento mucho mejor cuando recuerdo que no es más que sufrimiento achampañado. Mi vida es una auténtica bendición.

Convierte la paz interior en tu prioridad

Hay una parábola acerca de un leñador que estaba agotado de tanto trabajar. Talaba y talaba sin parar, sin querer detenerse ni un minuto. Tenía compromisos y una familia que alimentar con los frutos de su trabajo. Un día aparece un desconocido que se queda observando la actividad frenética del leñador. Al cabo de unos minutos, le pregunta si puede echarle un vistazo al hacha. El extraño recorre con el dedo el filo romo del hacha y sonríe con amabilidad.

—Si se tomase unos minutos para afilar el hacha –le dice al leñador–, el trabajo resultaría más rápido y fácil, amigo mío.

—No puedo –contesta el leñador agitado–. No tengo tiempo.

Si te tomas aunque sólo sean diez minutos al día para concentrarte en prácticas espirituales que alienten tu paz interior, tu hacha se mantendrá afilada, por muy ocupada que estés. De ese modo, y sean cuales sean tus otras prioridades, las podrás satisfacer con mayor eficacia y donaire. He leído una encuesta en la revista *Real Simple* realizada en el año 2002, que pedía a las mujeres que eligiesen sus prioridades. Casi el 32% afirmaba que les gustaría sentirse más centradas y disponer de más tiempo para el lado espiritual de la vida.

Sé que cuando estoy centrada y equilibrada interiormente, los asuntos externos fluyen con mayor facilidad. Soy más creativa, eficaz, tolerante, cariñosa y dispongo de más espacio. Mejora mi sentido del humor y me río más. Soy más sensual y me siento mejor en mi cuerpo. Mi salud se restablece y mis músculos se relajan. Parezco más joven y mona, y también más radiante. Incluso el tiempo parece expandirse. Todo se hace mejor y con menos esfuerzo. Tengo el hacha afilada.

Una de las maneras con las que consigo mantener mi equilibrio interior es pasando tiempo en la naturaleza. Vivo en una pequeña población de unos doscientos habitantes en las montañas Rocosas, cerca de Boulder, Colorado. Me trasladé ahí, en parte, porque la belleza natural de la tierra y el cielo podían hacer que mi mente agitada dejase de dar vueltas a unas interminables historias de miedo y pesar, permitiendo que se abriese paso en mí la paz interior.

Una tarde de invierno, mientras caminaba por un sendero, vi un impresionante sol rojo justo por encima del horizonte occidental. En pocos minutos, antes de que la luz desapareciese, el sol besó a la tierra con una exquisita luminosidad rosada. Las piedras del camino parecían irradiar la ternura de ese beso de rubí, proyectando sombras alargadas que hacían que cada pedrusco fuese una expresión única. La transfiguración de esas piedras estuvo acompañada de una sensación de reverencial sobrecogimiento, revelada en ese momento de Presencia en el Ahora. Lágrimas de asombro corrieron por mis mejillas, y mi mente agitada se detuvo. Estaba en paz, profundamente consciente de la interrelación de todas las cosas.

En ese momento de estar presente y centrada, se esfumó todo concepto de yo o mío. No obstante, experimenté la sensación más profunda de regreso a mí misma. Cuando se detiene el diálogo interior autorreferente que discurre de manera casi constante, se manifiesta esa paz que siempre está presente en tu interior. Se trata de tu verdadera naturaleza, de tu derecho de nacimiento. Estás satisfecha de ser lo que eres, de hacer lo que haces. Estar ocupada está bien. Descansar está bien. Pase lo que pase, todo está bien. Todo lo que queda es una plácida percepción consciente y un corazón abierto. La paz interior es la experiencia de tu mejor yo, y eso es lo que hace que valga la pena vivir la vida.

Las prácticas espirituales tienen por objeto conducirte a la experiencia del Ahora, de tu yo mejor y más centrado. Tanto si tu práctica espiritual es empezar el día dando un paseo por la naturaleza, rezar, meditar, hacer yoga, qigong o una lectura inspiradora, convertirla en tu prioridad te ayudará a estar equilibrada y cómoda, sea lo que fuere lo que ocurra durante el resto del día.

Anímate

Karen Drucker, una amiga mía que es música, escribió una canción fabulosa para las mujeres. Se titula *Animarse*. Habla de ir caminando por la calle, sintiéndose de maravilla y de repente darse cuenta de que la observan desde una ventana. Empieza a preocuparse e irritarse hasta que una voz interior le recuerda: «Anímate. No te lo tomes tan en serio. Anímate. Debes confiar en el Misterio. Anímate. No tiene ninguna importancia. Disfruta de la vida y no interfieras en tu propio camino».[1]

Dejar de interferir en el propio camino es otra manera de decir: «Encuentra tu centro, deja de resistirte y entra en el Ahora». Hay muchas maneras de conseguirlo. Puedes practicar la atención plena, concentrarte en la gratitud, meditar o pasear por la naturaleza. Si todo eso falla, siempre puedes someterte a una lobotomía. Pero aprender a animarse es el camino más agradable para llegar a cambiar tu mente, abrir tu corazón y recobrar la sensatez. En lugar de sentirte mal contigo misma, el humor –cuando celebra tus debilidades– se convierte en una profunda actitud de ajuste.

El humor es una forma de *reestructuración cognitiva*, un término clínico para hacer referencia al control de los pensamientos antes de que te vuelvan loca. Algunos chistes resultan graciosos porque te descolocan. Te llevan a pensar en una dirección, y luego su conclusión te conduce a otro lugar en el que tu mente nunca habría pensado. Otros chistes hacen gracia porque tratan de situaciones que provocan ansiedad y las ridiculizan. Por ejemplo, hace poco recibí un correo electrónico con el encabezamiento «Por qué los hombres no deben hacer de canguros». Era una graciosísima colección de imágenes entre las que se hallaban la escena de un bebé tomando un baño en un fregadero repleto de platos sucios y la de un niño que empieza a andar bebiendo del agua del perro. Las fotos eran tan graciosas y simpáticas que lo que tenía menos importancia era si los hombres eran «buenos» canguros o no. Me bastó mirar las fotos para sentirme más ligera.

Reírte de tus propios problemas, tanto si tratan de trabajo, niños, la vida amorosa o la celulitis de tus muslos, es bueno. Una amiga me envió en una ocasión por correo electrónico un artículo encantador acerca de cómo cantar las propias tristezas, una manera estupenda de animarse y situar los propios problemas en perspectiva. He adaptado las instrucciones un poco para que sirvan a nuestros propósitos.

Lo primero que hay que recordar es que es necesario sentirse realmente miserable para tener derecho a cantar las propias tristezas. No puedes hacerlo con ninguna credibilidad en un centro de belleza, en grandes almacenes de lujo o conduciendo un BMW. Lugares como cárceles, unidades de cuidados intensivos y bares mugrientos son escenarios mucho más apropiados. También añadiría a la lista las habitaciones de hotel, siempre y cuando estés sola en viaje de negocios o no te alojes en el Ritz-Carlton o en el Four Seasons. Cocinas sucias, reuniones de vecinos, valoraciones de productividad anuales, atascos de tráfico, chats de ligue en Internet, juicios de divorcio y la oficina del jefe son lugares estupendos para cantar las tristezas y angustias.

Cuando empiezo a sentir autocompasión, entonar un *blues* sobre mis tristezas puede hacer que mi diálogo interior parezca tan ridículo que me aparte de golpe de los «y si» y «qué pasaría si», para aterrizar en la mejor parte de mí misma. Lo más conveniente es que esas composiciones empiecen con una afirmación positiva como: «Esta mañana me desperté...». No está nada mal, considerando la alternativa.

Pero luego hay que aterrizar con rapidez: «Esta mañana me desperté y los niños tenían varicela».

Luego hay que echar leña al fuego: «Esta mañana me desperté y el autobús se saltó mi parada».

No te molestes en encontrar una rima perfecta. Deja que las palabras salgan por sí mismas cuando las cantes a voz en cuello, preferentemente con audiencia. Balancea las caderas, compón alguna mueca y salta con algo tipo: «Soy una madre trabajadora, con el *blues* del "estoy hecha polvo"».

Tal vez acabes de entrar por la puerta de tu casa tras un día terrible en el trabajo y un largo viaje de regreso a casa. Tu hogar está tan desordenado que da la impresión de que ha sido presa de unos ladrones. Los niños tienen hambre y el gato está en la mesa de la cocina zampándose los restos de los cereales del desayuno, dejando en su superficie huellas pringosas de leche. Tu marido ha llegado antes a casa y lo único que se le ocurre es levantar la vista de las noticias televisivas para preguntar qué hay de cena.

A menos que seas una santa o que te hayan practicado recientemente una lobotomía, es probable que te sientas resentida y ultrajada. Ése podría ser un momento estupendo para pensar en someterse a terapia o pedir el divorcio. Antes de decantarte por una de las dos opciones, podrías cantar una improvisación del «*blues* de la comida rápida»: "Llegué a casa después de trabajar, y ésta estaba patas arriba. La nevera estaba vacía y todo el dinero gastado. Soy una madre trabajadora, cantando el *blues* de qué hay para cenar"». Con un poco de suerte, tu disparatada respuesta cambiará la energía del sistema familiar. La cooperación florece en una atmósfera de espontaneidad y humor. Tu reacción bien intencionada presupone lo mejor de otras personas: que serán capaces de captar la necesidad que hay tras el humor, sintiéndose sinceramente empujadas a ayudar.

Cantar esos *blues*, esas tristezas, puede resultar un poco más complicado en el trabajo. A menos que tu jefe sea un entusiasta de las innovaciones, la creatividad y la honradez, deberías dar rienda suelta a tu actuación en el aseo de señoras, ante una audiencia de una única persona. Digamos que tu jefe se ha apropiado de tu fabulosa idea para mejorar la situación del flujo de caja, y que le ha gustado tanto que está convencido de que es idea suya. Acaba de anunciar el plan muy orgulloso en una reunión del consejo de administración. Intenta cantar algo como: «Me he buscado un gran puesto, soy la directora general. Lo malo es que yo soy la única que lo sabe. Soy una mamá inteligente cantando el "*blues* de haber tocado techo"». Una vez que estés de mejor humor, recuérdale al jefe que *tú* fuiste el origen de la idea; eso sí, con mucho tacto y en un momento en que pueda escucharte.

La bendición de poder difuminar una situación incómoda mediante el humor es que crea espacio entre ti y tus reacciones habituales. Traslada la energía desde la mente obsesiva hasta el corazón, más amplio, donde resulta más fácil hacer buenas elecciones. Hay un librito maravilloso, de David

Marell, *Be Generous: 101 Meditations and Suggestions to Get You Through the Day (and Night).* Se trata de una colección de poemitas muy sabios y graciosos que ha reunido a lo largo de los años, cuando se encontraba frustrado o irritado. Nos invita a crear uno por nosotros mismos siempre que necesitemos regresar a nuestro centro. Al componer una canción de *blues*, la actividad creativa ayuda a sacarte del pensamiento obsesivo y entrar de nuevo en el Ahora.

Poco después de leer el libro de David y de disfrutar de sus poemas, pasé unos días muy frustrantes. Mi ordenador nuevecito se colgó inesperadamente. Perdí todo un día de trabajo entre llamadas a técnicos y sus visitas a casa, antes de que al aparato se le diagnosticase que tenía que volver a los talleres de Apple para que lo reparasen. Por fortuna, contaba con un ordenador de reserva (el viejo portátil al que sustituía). Al cabo de media jornada, éste también dejó de funcionar. Reparar el segundo ordenador me llevó otro medio día. Así que me vi enfrentada a la situación de tener que entregar un libro sin ordenador. Probé el consejo de David. Diez minutos de poesía fue mucho más divertido que cualquier otra cosa que hubiera hecho esa semana, y finalmente me animé.

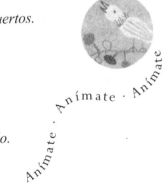

El ordenador está muerto.
El ordenador está muerto.
Los dos ordenadores están muertos.
Respira hondo.
Respira otra vez.
Yo también moriré algún día.
Respira otra vez.
Ahora estoy viva.
El sol brilla en lo alto del cielo.
Puedo salir a pasear.

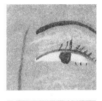

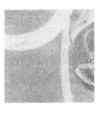

Libertad
emocional

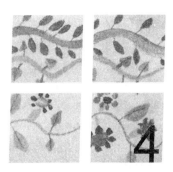

Marcar límites: sobre la hermana malvada y el hada madrina

Estaba en un congreso femenino ofreciendo la conferencia matinal que marcaba la pauta. Tras la charla se me acercó una mujer que llevaba un gran sobre de papel de estraza. No fue necesario que dijese lo que llevaba dentro. Sabía por experiencia que se trataba del manuscrito de un libro. Cada mes recibo al menos una docena de peticiones para que lea y recomiende libros para su publicación, una actividad que podría llegar a ocupar todo mi tiempo. El único problema es que entonces me moriría de hambre, pues su lectura es un trabajo que se hace por amor. A menos que me muestre muy selectiva, estaría siempre haciendo tareas ajenas en lugar de las mías. Me quedaría sin tiempo para la familia, amigos, hacer ejercicio, rezar, pasarlo bien, salir por ahí o mirar las musarañas. Atender todas las peticiones deja de ser hacer un favor; se parece más a donar sangre.

Aunque la mujer me gustó y su manuscrito parecía estupendo, dije que no. Se acercaba la fecha de entrega de mi libro y tenía muy claro hasta dónde podía llegar. Nada de leer manuscritos hasta que acabase el libro. Su respuesta fue encantadora: «Vaya, tiene usted unos límites estupendos, Joan. ¡Buen trabajo!». Y tras eso compartimos un abrazo y unas risas. El resto del día me sentí satisfecha de mí misma. Como me resulta difícil decir que no a los demás, la mayor parte de mi vida me he dicho que no a mí misma. Una de las ventajas de hacerse mayor es que se hace más fácil darte un sí a ti misma. Empiezas a darte cuenta de que la energía es algo muy preciado, que el tiempo es limitado y que no puedes satisfacer a todos. Dejas de perder sangre de manera indiscriminada y sólo la donas selectivamente (excepto en caso de urgencia, claro está).

Las dos cosas más importantes acerca de desarrollar unos buenos límites son que aumentan el respeto y concentran tu atención en lo que es realmente importante. Si tienes problemas a la hora de marcar límites y sueles dejar que las necesidades de otras personas ahoguen las tuyas, estamos ante un comportamiento que refleja una baja autoestima. Puedes llegar al núcleo del problema gracias a la terapia, pero, en realidad, ¿qué importancia tiene? A menos que cambies tu comportamiento, puedes estar segura de que acabarás con una lápida como la de Loretta LaRoche que diga: «Hizo de todo por los demás, y no obstante se sintió fatal por sí misma». Si tú no te respetas a ti misma, nadie lo hará en tu lugar, y no dejarás de añadir el insulto a la injuria.

Si tu tendencia es decir sí prácticamente a todo el mundo que te pide algo, indicar que te ocuparás de ellos más tarde crea el espacio necesario para actuar de manera distinta. Piensa cuáles son tus prioridades. Si dices sí, ¿cómo afectará esa decisión a esas prioridades? ¿Y cómo afectará esa decisión a tus emociones?

De joven, hice la promesa sagrada de que nunca me convertiría en una mártir amargada como mi madre. Pero con los años, eso fue precisamente lo que empezó a ocurrir. Cada vez sentía más resentimiento hacia la gente a la que no podía decir que no. El resentimiento me hacía a su vez sentirme egoísta y me avergonzaba. ¿No era mi papel mejorar las vidas de los demás? Cuando decía que no, me sentía culpable. Cuando decía que sí, sentía resentimiento. De repente comprendí el martirio de mi madre y empecé a abrirle mi corazón. Mediante esa compasión también comencé a abrir mi corazón a mí misma y a trabajar en el autorrespeto necesario para desarrollar unos buenos límites.

Culpabilidad y martirio son problemas comunes entre las mujeres. Loretta LaRoche y yo nos metimos en algo de terapia mutua al crear un programa que denominamos «La hermana malvada y el hada madrina». Al interpretar esas dos voces, que casi toda mujer puede escuchar con mucha claridad en su cabeza, manifestamos el patrón de unos malos límites, baja autoestima, martirio y cuidados tóxicos. El adagio que dice que enseñas aquello que estás intentando aprender es bien cierto.

El hada madrina es la voz interna que te dice que te ofrezcas a ti misma para salvar a otra persona. Es el epítome de unos límites muy malos. En nuestro programa, yo interpretaba el papel del hada madrina, que incluía una varita mágica para arreglarlo todo y a todos. Con mi capita blanca y mi pequeña tiara de bisutería, estoy increíble, una auténtica mártir abnegada vestida de diosa. Siempre me pongo en último lugar, arrastrando mi trasero como si unos vampiros me hubiesen chupado toda la sangre. También doy salida a las sensaciones y comportamientos de una controladora obsesiva que cree que todo el mundo la necesita, y que sólo ella tiene el poder de dar a los demás aquello que precisan. Por desgracia, no creo que ese comportamiento les esté robando su propio destino y capacidad de elección. Me considero una santa. Loretta me llama Su Santidad.

Bajo una apariencia de dulce abnegación acecha la hermana malvada, la gemela malvada del hada madrina. La interpreta Loretta, que viste una minifalda negra de cuero y unas botas de aspecto perverso. La hermana malvada es una zorrita con una actitud que dice: «Aprovéchate de mí. ¿Lo harás, verdad, sanguijuela?». El resentimiento rebulle en el corazón de la hermana malvada, y acaba alienando precisamente a quienes intenta amar con tanto empeño. Pero luego se siente culpable, algo que transmuta directamente en duras autoincriminaciones y críticas de cualquiera que se interponga en su camino cuando ha tomado el sendero de la guerra. La voz interior que siempre te dice aquello que hubiera sido mejor hacer y que no hiciste es la suya. Es la misma voz que gime y se queja, que echa la culpa a todo el mundo de su propio agotamiento. Cuando se siente bastante mal, la hermana malvada desaparece y entonces llega el hada madrina, que se arrepiente, con sus acciones y su entrega empalagosa. Y así, de ese modo, continúa el baile. La hermana malvada y el hada madrina están unidas por la cadera.

Cathi Hanauer publicó un libro llamado *The Bitch in the House: 26 Women Tell the Truth about Sex, Solitude, Work, Motherhood, and Marriage*. El libro fue producto de su propia experiencia en una época en que en su oído resonaba con fuerza la voz de la hermana malvada, quejándose de las desigualdades domésticas que la hacían sentirse resentida y agotada.

Hanauer empieza su libro con un fragmento de un papel de la obra *Profesiones para mujeres*, de Virgina Woolf. En ella, Woolf introduce su famoso término el «ángel de la casa». Ese ángel abnegado se parece mucho al hada madrina. Woolf pinta una imagen del ángel como alguien empático y encantador, adepto a las artes de la vida familiar; se trata de una mujer que se sienta en la silla en el sitio donde hay corriente y que toma para sí el cuello del pollo, siempre dispuesta a dejar los mejores pedazos para los demás.

Uno de los ensayos del libro de Hanauer se titula «Atila el Meloso está en casa», de Kristin van Ogtrop. En él escribe:

> Éstas son cosas que la gente –vale, vale, los miembros de mi familia– han dicho de mí en casa:
> – Mamá siempre está de mal humor.
> – ¿Por qué estás tan tensa?
> – Necesitas relajarte.
> – ¡No es necesario que grites para decirlo!
> – Eres demasiado mezquina para vivir en esta casa, ¡y quiero que te vayas a trabajar el resto de tu vida![1]

Aquí es donde aparece la cuestión de los límites. Además de mantener tu energía concentrada en lo que es importante, y de darte tiempo y espacio para ti misma, unos buenos límites impiden que te escindas entre luces y sombras. Aunque consideres esos opuestos como la hermana malvada y el hada madrina, o el ángel/zorra de la casa, ninguna de ellas es tu verdadero ser. La auténtica compasión no proviene de satisfacer los deseos de todo el mundo mientras tú permaneces sentada enfurecida en un rincón con corrientes, sino haciendo aquello que necesitas hacer por ti misma a fin de mantener tu centro. Sólo en ese estado centrado podrás descubrir la diferencia entre la compasión del verdadero interés y el temeroso control de la codependencia. Eso es lo que debemos enseñar a nuestras hijas. Pero primero hemos de aprenderlo nosotras mismas.

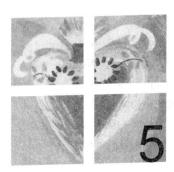

5

La esencia de la valentía

Me enamoré de la obra de Pema Chödrön, una maestra budista estadounidense, cuando leí *Los lugares que te asustan*. En una frase que aparece en ese libro, Pema resume el coraje que hace falta para hacer frente a las emociones: «La esencia de la valentía es no autoengañarse».

Ésta es una historia acerca del despliegue de valentía. Nos hallábamos sentadas alrededor de una mesa en un restaurante chino: éramos tres mujeres inteligentes, inclinándonos hacia el centro para escucharnos, intentando no perdernos ni una palabra de la intensa conversación que manteníamos. Annie acababa de separarse hacía un mes de su marido de los últimos cuatro años. Tenía los ojos hundidos y aspecto triste. Todavía resultaba más entristecedor el esfuerzo que estaba haciendo para parecer normal e igual de ingeniosa que de costumbre. A mí me daba la impresión de que la habían lanzado a un río con bloques de hormigón atados a los tobillos. Todos sus pensamientos y respiraciones estaban cargados de su lucha por regresar a la superficie. El cuerpo de Annie estaba allí, a la mesa, pero su mente y emociones parecían hallarse muy lejos.

El tercer miembro del grupo era Marcy, una de esas mujeres refrescantes y directas. Se incorporó y alargó los brazos para tomar suavemente entre las manos el rostro de Annie, ordenándole un mechón de cabello rubio por detrás de la oreja.

—Eh, cariño –dijo con voz dulce y tierna–. Estás hecha una mierda. Me tienes muy preocupada. ¿Cómo lo estás pasando? Quiero decir de verdad... *verdaderamente*.

La presa se vino abajo y la historia de Annie rebosó, con sus palabras fluyendo en potentes oleadas de rabia, pesar y tristeza. Erik, el marido de Annie, un profesor de inglés de modales suaves, resultó ser un adicto al sexo. Se me rompió el corazón y me pregunté cuánto tiempo había vivido sabiéndolo, y qué precio emocional había tenido que pagar. Le pregunté cuándo había descubierto el secreto de Erik.

Annie dejó caer el rostro y lloró durante unos momentos antes de levantar la mirada y decirnos:

—Lo sospeché incluso antes de prometernos –susurró en voz baja–. Pero hice como si no lo supiera. Tenía la esperanza de estar equivocada, o de que cuando nos casásemos todo iría bien. Pero no fue así. Cuando salía de viaje de negocios me resultaba muy difícil hablar con él por teléfono. Casi nunca se encontraba en casa y cuando le llamaba de noche, su móvil estaba siempre apagado. Me decía que estaba en la biblioteca, en reuniones, en casa de amigos, escribiendo en su mesa de siempre de Barton's Books, dando un paseo a medianoche... ¿Cuántas excusas puede uno inventar? Y yo pretendí creérmelas todas. *Quería* creérmelas todas. Me sentía aliviada cuando él me contaba un cuento difícilmente creíble.

Annie había tenido que hacer frente a una situación terrible utilizando una defensa emocional muy común, la *negación*. Y la negación no siempre es mala. Un famoso psiquiatra escribió en una ocasión que sin ella no podríamos levantarnos de la cama por las mañanas. Nos ayuda a lidiar con las incertidumbres de la vida y con preocupaciones secundarias para que no nos obsesionemos interminablemente. Pero cuando nos situamos en una zona peligrosa al negarnos a reconocer lo que sabemos, la negación pasa de ser una forma amortiguada de autoprotección a convertirse en una puerta abierta hacia la autodestrucción.

Aunque Annie sabía lo que sucedía con su esposo, eligió fingir desconocerlo para así poder mantener la ilusión de una vida feliz. Los costes emocionales y físicos fueron exorbitantes. Daba la impresión de haber envejecido diez años en los cuatro que había estado casada con Erik. Y bajo la calma externa que mostraba al mundo, la rabia y el miedo burbujeaban como un géiser a punto de reventar. Como no podía hacer frente a esas emociones de manera directa, éstas se manifestaban con dolores de cabeza y presión alta, tensión muscular e insomnio.

Como no era alguien que pudiera reprimirse, Marcy también explotó:

—¡Esa sabandija! ¡Esa rata! Debes de estar furiosa con él, cariño. Seguro que has estado aguantando toda esa porquería durante mucho tiempo. ¿Cómo aguantaste toda esa rabia? Si yo hubiera estado en tu sitio, mi aura habría prendido fuego a la casa.

Annie rió.

—¿Qué rabia, Marcy? En cuanto aceptaba una de sus excusas, ésta desaparecía.

—¿Y dónde crees que iba a parar? –preguntó Marcy, sorbiendo su té de jazmín.

Annie pareció pensarlo durante unos minutos y luego se limitó a sacudir la cabeza.

—La verdad es que no lo sé. Parece increíble que me limitase a adaptarme y me sintiese muy tranquila la mayor parte del tiempo. Pero para ser sincera, supongo que la volví en mi contra.

—¿Y cómo lo hiciste, cariño mío? ¿Qué cuento te contaste a ti misma? –preguntó Marcy, tomando una de las diminutas manos de Annie entre las suyas.

—Todavía me la sigo contando, querida amiga. Ésta es la historia. –Annie se lanzó a hacernos un resumen entrecortado de su historia, señalando cada punto en el aire con el dedo índice, como viñetas en una lista–. Soy una idiota, una idiota codependiente. Nunca debí haberme casado con Erik. Pero soy testaruda y me negué a reconocer lo que ya sabía. Me di la espalda a mí misma. Me traicioné a mí misma. Estaba enamorada de un fantasma. Soy la clásica facilitadora. A partir de los veinte años acudí durante mucho tiempo a Alcohólicos Anónimos, para lidiar con el hecho de que mi padre era alcohólico. Lo sé todo acerca de las adicciones. Y sé que la codependencia es la más peligrosa de todas ellas. Así que no tengo remedio, soy un fracaso. No puedo confiar en mí misma. Y si no puedo confiar en mí misma, entonces nunca podré mantener una relación saludable. Nunca podré amar.

Marcy sacudió la cabeza, rompiendo la tensión al reírse un poco entre dientes.

—Deja de aterrorizarte a ti misma, señorita dramática. ¿Crees que eres la única que ha cometido un error? El problema más gordo que veo es la manera en que te culpas a ti misma. Tienes razón acerca de lo que haces con tu rabia: la vuelves contra ti misma, y eres una bruja despiadada. ¿Crees que podrías dar un pasito hacia delante y soltar tu historia, siendo algo más cariñosa contigo misma?

Mientras observaba aquel intercambio recíproco, comprendí que Annie estaba interesadísima, y que absorbía todas y cada una de las palabras de Marcy. Ésta continuó:

—Lo único cierto ahora mismo es lo que sientes. Detente un minuto y sintoniza con ello. ¿De qué se trata? ¿Qué sientes?

Annie contestó poco después:

—Me siento muy triste. Tengo un nudo en la garganta y me duele el corazón. Siento como si casi quisiera rendirme.

Marcy no intentó confortar a Annie, ni animarla, o hacer un chiste, ni siquiera tomarle la mano.

—Respira y permanece con esas sensaciones. Dirige hacia ellas toda tu atención. Entrégate a lo que es verdadero para ti, cariño. Eso es todo en lo que puedes confiar.

Seguimos sentadas a la mesa, las tres, guardando un profundo y reflexivo silencio. Al cabo de pocos minutos, el rostro de Annie empezó a suavizarse. Sus respiraciones adquirieron algo más de profundidad. Empezó a relajarse y luego abrió los ojos.

Marcy le tomó la mano y sonrió a los ojos llorosos de Annie.

—Eres una mujer que se siente triste. La tristeza no es buena ni mala. Es justo tristeza. No te resistas a ella ni intentes alejarla. ¿Puedes dejar que esté ahí? Si le das algo de espacio emergerá y te dolerá un poco, pero luego volverá a desvanecerse. No se quedará para siempre, Annie. Y no te superará si puedes permanecer con la sensación en lugar de sumergirte en todas esas historias acerca de lo inútil y mala que eres. Más tarde ya habrá tiempo para las comprensiones y la curación. Pero ahora no, nena. Ahora es el momento de ser amable contigo misma. Ahora es hora de soltar la historia acerca de lo mala que fuiste y de que no puedes confiar en ti misma. La confianza crece cuando estás presente en tus sentimientos, que es la única manera de ser honesta con una misma. Es el antídoto de la negación. Mientras tanto –acabó, con brillo en los ojos–, nada de hombres. ¡Estás bajo arresto domiciliario!

Marcy le enseñaba a Annie a ser buena amiga de sí misma, a escuchar y darse espacio sin resistirse a la verdad del momento. El programa de Annie era diferente. Creyó que tal vez podría aprender a amar y a respetarse a sí misma más adelante, cuando comprendiese todos los patrones de comportamiento que la habían empujado a realizar una elección de compañero equivocada. El respeto por ella misma debería esperar hasta que contase con una garantía sólida como una roca de que nunca volvería a cometer un error amoroso. Pero el respeto por ti misma es algo que sólo puedes experimentar ahora. Crece a partir de tu disposición a estar presente en lo que es, a ser valiente y a no autoengañarte.

Tener el coraje de estar presente ante la verdad emocional te proporciona la información necesaria para realizar cambios en tu vida. Ésa es la función de las emociones. El terapeuta familiar John Bradshaw las llama «e-mociones», energía en movimiento. Tienen por objeto empujarte hacia delante y proporcionar una retroinformación que te mantenga en el buen camino. Sentir lo que sientes y reconocer lo que sabes es una manera de estar en el Ahora. Es la única forma de escuchar la sabiduría de tu corazón y de sentir la paz que se halla siempre presente bajo la superficie de las turbulentas aguas de tus emociones difíciles.

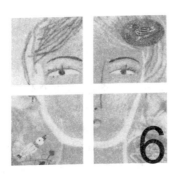

6

Escuchar el ajetreo

En una ocasión ofrecí un taller para un grupo de mujeres dinámicas que trabajaban en el campo de la asistencia sanitaria. Aquellas doctoras, enfermeras, terapeutas y administradoras eran algunas de las mujeres más atareadas del planeta, y sobre muchas de ellas recaían acuciantes responsabilidades de vida y muerte. Era el tercer día de un congreso sobre salud femenina y por una vez pudimos concentrarnos en nuestra *propia* salud. La conversación había derivado hacia cómo podíamos ocuparnos de nosotras mismas cuando nos hallamos tan ocupadas con otras personas, tanto en el trabajo como en casa.

Intelectualmente todas estábamos de acuerdo. Puede decirse que casi todas las mujeres comprenden la metáfora del avión de tener que ponerte tu propia máscara de oxígeno antes de ayudar a aquellos que pudieran depender de tus cuidados. Pero comprender la metáfora emocionalmente –sentirla al nivel visceral donde reside la sabiduría– es una experiencia totalmente distinta.

Le pedí al grupo que cerrase los ojos y se limitase a concentrar su atención en la sensación de estar ocupadas, en lugar de en las historias relativas a ésta. Puede que desees experimentar tú misma el ejercicio que nosotras hicimos (lo hallarás en el siguiente párrafo), o todavía mejor, con una o más amigas. Haz una pausa en cada descanso, para así poder experimentar tus respuestas de manera consciente. El objetivo de este ejercicio es una percepción consciente suave, honesta y abierta de tus sensaciones.

Piensa en un típico día ocupado... ¿Qué hora es?... ¿Qué estás haciendo?... ¿Trabajas?... ¿En casa?... ¿Quién está ahí?... ¿Qué te dices a ti misma?... A continuación suelta todas esas historias de tu cabeza... Sintonízala con tu cuerpo... ¿Qué sientes?... ¿Dónde lo sientes?... ¿Te entusiasma o te da energía?... ¿Sientes hormigueo en la boca del estómago?... ¿Percibes una presión en el pecho?... ¿Te sientes en paz?... ¿Estás tensa?... Sigue el rastro de las sensaciones allí donde te lleven. No intentes hacer que se alejen o cambien... Limítate a observar lo que sientes sin ponerlo en tela de juicio ni tratar de saber si es bueno o malo... Lo único que importa es tu disposición a estar consciente y presente en tus sensaciones.

Una vez acabamos el ejercicio, las mujeres se sentaron juntas en grupos de tres para compartir su experiencia, de manera parecida a como Annie, Marcy y yo hicimos cuando estuvimos hablando en el restaurante chino. Las fachadas de poder –doctoras frente a enfermeras, cirujanas frente a doctoras de cabecera, administradoras frente a personal de apoyo– se evaporaron como gotas de rocío.

Las sensaciones más comunes que evoca el hecho de estar ocupada son ansiedad, miedo, tristeza, pesar, soledad y rabia. Hay muchas lágrimas, abrazos y sonidos que indican consuelo y comprensión cuando las mujeres verbalizan sus sensaciones. Puedes hablar sobre estar ocupada y seguir en tu cabeza, o bien puedes pasar a tu corazón y sentir en tu cuerpo la realidad emocional de estar ocupada. Cuando se está dispuesta a esto último, se abre un espacio para que las emociones lleven a cabo su labor de informar, dar energía y motivarte para que vivas tu vida en línea con lo que es más importante para ti, como ser humano compasivo y afectuoso.

La triste ironía del ejercicio radicó en que varias mujeres se dieron cuenta de que se mantenían más ocupadas de lo necesario porque la distracción de permanecer siempre atareadas conseguía evitar la manifestación de emociones desagradables. Cuando tu vida llega a un punto en el que interiormente te sientes vacua en lugar de sentir la vaciedad o soledad interior, es hora de profundizar en la conexión con tu sabiduría interior. Para eso hace falta valor. Puede que debas realizar una tarea de sanación o determinadas elecciones difíciles. Escucharte a ti misma –crear espacio para poder escuchar la voz de tu corazón– y estar presente en lo que es verdad, y saber hacerlo con una profunda ternura, es una habilidad esencial para obtener la paz interior.

Diez minutos matinales de calma meditativa, dedicar un poco de tiempo a escribir un diario o una caminata silenciosa de veinte minutos son oportunidades de escuchar. Si quieres dar un pequeño paso más hacia la inmovilidad del Ser, la energía emocional que hallarás ahí empezará a realizar su tarea como pacificadora y emisaria de sabiduría.

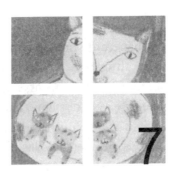

Mujeres y estrés: cómo nos ocupamos de los demás y entablamos amistad

He hecho varias grandes amistades en el aseo de señoras durante congresos. Las colas son largas, las diferencias sociales resultan en su mayor parte irrelevantes (al fin y al cabo, todas participamos en la misma misión) y temporalmente disponemos de mucho tiempo. Las mujeres pueden forjar lazos de amistad casi de inmediato en cualquier sitio, siempre que les den oportunidad de hacerlo. En los aseos de un congreso, donde podemos animarnos unas a otras pasando revista a la conferencia matinal, no hace falta que nos animen mucho para hablar de los méritos de las pretinas elásticas, y a partir de ahí pasar a contar la más pura verdad acerca de lo que nos está sucediendo en nuestras vidas. En una ocasión presencié cómo una mujer recién separada obtenía consuelo, consejo y el nombre de un mediador en divorcios de parte de unas desconocidas en un descanso para tomar café.

Cuando más estrés sentimos las mujeres, a punto de caer en la histeria más desorientadora, más rápidamente nos unimos.

Pregúntale a cualquier mujer si se ha dado cuenta de que los hombres actúan de manera distinta y recibirás una mirada incrédula. ¿Te has dado cuenta? ¿Cómo pasar por alto el hecho de que los hombres intentan aislarse durante momentos de estrés para recuperarse? No obstante, los científicos están empezando a percatarse de algo que resulta obvio.

Hay una teoría reciente acerca de las diferencias de sexo y el estrés que ha sido aplaudida como un auténtico avance científico y que también ha enfrentado a las mujeres entre sí en Internet. La teoría de marras dice algo así: aunque en principio hombres y mujeres responden a las amenazas mediante reacciones físicas similares –aumento del ritmo cardíaco, de la presión sanguínea y de la tensión muscular–, los hombres utilizan su mayor fuerza muscular para luchar o huir, mientras que las respuestas femeninas giran alrededor de los lazos y el cariño. Después de todo, si abandonásemos a nuestros hijos y huyésemos como respuesta a un león merodeador, nuestras indefensas criaturas no tardarían en convertirse en su cena. Si luchásemos y perdiésemos, se quedarían sin madre. Tiene por eso sentido que la naturaleza haya creado una alternativa femenina al luchar-o-huir.

Shelley Taylor, profesora de la UCLA de Psicología sanitaria, fue la primera investigadora que cuestionó la creencia de que tanto hombres como mujeres respondían al estrés luchando o huyendo. Taylor y sus colegas femeninas lo comprendieron cuando se dieron cuenta de que casi todos los estudios sobre estrés se habían realizado con varones. Pero claro, existe una razón pragmática para utilizar machos de rata, ratones, monos y alumnos universitarios en la investigación biológica. Las hembras cuentan con ciclos reproductivos y los niveles hormonales cambiantes hacen que los datos resulten difíciles de interpretar. Los machos cuentan con un perfil fisiológico más estable que facilita el análisis. Así pues, durante años, los investigadores se limitan a dar por descontado que si un descubrimiento científico valía para los hombres, también debía de poder aplicarse a las mujeres. ¡Las investigaciones iniciales sobre cáncer de mama también se realizaron utilizando ratones macho!

A lo largo de los últimos diez años, los investigadores han reconocido lo que era obvio: las mujeres son algo más que hombres pequeños con pechos y ovarios. Nuestras diferencias físicas van más allá de las hormonas sexuales y afectan a la mayoría de los sistemas corporales. Taylor y su grupo contrastaron ideas sobre posibles diferencias entre los sexos acerca de la manera en que reaccionamos ante el estrés. Empezaron a especular sobre cómo nuestras antepasadas podrían haber cooperado en la sabana frente a sus atacantes. ¿Podrían los machos haber alejado a los depredadores de sus parejas mientras las mujeres reconfortaban y sosegaban a los niños, para luego ir desapareciendo en la espesura mientras los hombres peleaban? La respuesta masculina de luchar o huir sería el complemento perfecto de la reacción femenina de atender y entablar amistad.

Atender, prestar atención, es cuidar. Si una mujer puede sosegar y calmar a bebés y niños pequeños, es posible retirarse sigilosamente. Si alguna vez has leído relatos sobre las guerras con los amerindios, la respuesta de atender suena familiar: la respuesta inmediata de las mujeres frente a un ataque era tranquilizar a los niños y retirarse a lugares de relativa seguridad. Un bebé o un niño lloriqueando podía delatar la posición de la tribu y provocar la muerte de todos. Por consenso, y por cruel que pueda parecer, a los niños a los que no podía calmarse, en ocasiones se los mataba para salvar al resto del pueblo.

Entablar amistad es un complemento de atender. Las mujeres establecen vínculos y se ayudan entre sí, ya que la amistad aumenta las posibilidades de supervivencia, sobre todo cuando se huye o cuando los hombres están muertos o heridos.

Así que te preguntarás qué tiene todo eso que ver con equilibrar el trabajo y la familia. En *The Tending Instinct: How Nurturing is Essential to Who We Are and How We Live*, Taylor cita las investigaciones de otra psicóloga de la UCLA, Rena Repetti. Ésta está interesada en la manera en que hombres y mujeres controlan el estrés mientras se las arreglan para atender las demandas duales de familia y carrera. Su enfoque implica pedir a los padres trabajadores –y a sus hijos– que rellenen cuestionarios sobre sucesos cotidianos. Resulta que las madres y los padres que tienen días estresantes en el trabajo actúan de manera muy diferente en el hogar. El estrés en el trabajo da como resultado papás malhumorados en casa. Los padres suelen desplazar la agresión y convertir a sus esposas e hijos en dianas de sus quejas. No obstante, las madres pasan más tiempo con sus hijos y se muestran más atentas a sus necesidades tras tener malos días en el trabajo. En otras palabras, bajo situaciones de estrés, las madres responden y se ocupan.

Pero ocuparse o poner atención no es únicamente bueno para los hijos. Al mismo tiempo, es un medio muy importante para que las mujeres se sosieguen *a sí mismas*. Nos ocupamos unas de las otras, en parte porque nos parece personalmente enriquecedor y sosegador encariñarnos y crear vínculos entre nosotras. La hormona *oxitocina* guarda el secreto al menos de parte de la cuestión de crear vínculos. Cuando estudiaba preparando mi doctorado en Ciencias médicas, allá por la década de 1960, sabíamos que la oxitocina desempeñaba un papel tanto en la estimulación de la subida de leche como en el parto. Ahora sabemos que también se secreta bajo el estrés. Mientras leía *The Tending Instinct* hubo tres líneas que me pusieron la carne de gallina al reconocerlas en mí misma. Taylor escribió: «Las sensaciones que acompañan la secreción de oxitocina son interesantes. Justo después del parto, una inmensa calma se apodera de la mayoría de las madres. Se viene de completar una de las más vigorosas y dolorosas experiencias de la vida... Pero esa calma es algo más que el resultado del alivio al final de una experiencia dolorosa. Cuenta con una cualidad ultramundana».[1]

Cuando Andrei nació, yo ya llevaba un mes en el hospital con una neumonía vírica. El parto resultó especialmente difícil porque ya estaba agotada. Pero justo después de que naciese, me sentí sumergida en una paz más allá de cualquier descripción. Me sentí como llegando a Dios y extasiándome. Esa oxitocina es un buen asunto. Bajo su hechizo, sentimos una paz y una conexión que nos ayudan a establecer un vínculo con nuestro recién nacido. Cuando nos estresamos, contribuye a calmarnos al reforzar las conexiones con nuestros hijos, amantes, amistades o incluso desconocidas con las que entablamos relación durante una pausa para el café. La oxitocina calma y reconforta a las mujeres, y nosotras, por nuestra parte, calmamos y reconfortamos a los demás. Qué lista es la naturaleza.

Me gustaría haber sabido la diferencia entre hombres y mujeres en su respuesta al estrés cuando era más joven. Tal vez, en lugar de reprocharle a mi esposo su irritabilidad a flor de piel y su necesidad de estar solo al final de una estresante jornada laboral, me habría dado cuenta de que lo que hacía era precisamente algo natural. No era nada personal. En lugar de convertir su malhumor en un incidente grave, tal vez podría haberle dejado tranquilo, evitando añadir más tensión a nuestras vidas.

Cuando el trabajo me estresaba, yo, naturalmente, hallaba consuelo ocupándome de los chicos, y entonces ya me había dado cuenta, con alivio y gratitud, de que ocuparme de ellos también me ayudaba a mí. En lugar de quejarme de que mi jornada ya me había destrozado los nervios –y de que ahora debía pasar la tarde-noche atendiendo a los niños porque mi esposo quería estar a solas– podría haberme dado cuenta de que en realidad todo estaba bien. Más adelante podría haber telefoneado a una de mis amigas para charlar de las cosas que me daban vueltas en la cabeza para que no se quedasen en mi cuerpo. Inundada de oxitocina, podría haber acabado mi jornada tranquila y satisfecha por haber vencido al estrés mediante la respuesta de atender a los demás y establecer vínculos de amistad.

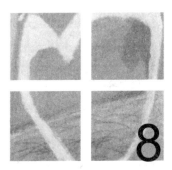

8

Culpabilidad materna y otras culpabilidades

Cuando doy conferencias en congresos femeninos, suelo pedir a las asistentes que, por así decirlo, me enseñen las manos: «¿Cuántas de ustedes son, o han sido, madres trabajadoras?». Y entonces se alzan la mayoría de las manos. Luego pregunto: «¿Cuántas se sienten culpables?». Y vuelven a levantarse casi las mismas manos. Si el entorno es lo suficientemente íntimo, a veces hago otra pregunta, más delicada: «¿Cuántas han querido tener hijos pero han tenido problemas para quedarse embarazadas o nunca han podido concebir?». Se levantan unas pocas, pero como cada vez son más las mujeres que esperan hasta ser mayores para tener hijos, el número de manos va en aumento. También podía preguntar: «¿Alguna se siente culpable por su esterilidad?». Y claro, algunas así lo afirman. Sus razones son muy variadas e incluyen abortos previos, dejar de lado la maternidad hasta tener más encarriladas sus carreras profesionales, creer que Dios las está castigando o sentirse demasiado ocupadas o estresadas para concebir.

La culpabilidad es un factor ubicuo en las vidas de la mayoría de las mujeres. Las trabajadoras, en especial, hablan de sentirse entre la espada y la pared, divididas entre las demandas de los hijos y del trabajo, y también de hallarse acongojadas cuando no pueden estar presentes en los momentos en que los hijos las necesitan. Los estudios realizados por el ahora ya fallecido psicólogo de Yale, Daniel Levinson, incluyeron entrevistas con madres trabajadoras acerca de sus prioridades. La mayoría de las mujeres decían que sus hijos eran lo más importante y el trabajo la siguiente prioridad; los esposos (de haberlos) ocupaban un distante tercer lugar y las amigas se situaban en cuarto lugar porque no se disponía del tiempo necesario para mantener amistades. Se trata de un hecho triste, ya que las amigas son una forma muy importante de reducir el estrés, y aportar riqueza y belleza a nuestras vidas.

La parte más sorprendente del estudio de Levinson era que en realidad las mujeres disponían de escaso tiempo para dedicar a su prioridad. Queremos que nuestros hijos sean lo primero, pero cuando en el trabajo tenemos una situación crítica, ésta suele concentrar toda nuestra atención. Recuerdo un incidente cuando mis niños eran pequeños. Ayudé en la elaboración de un examen de microscopio para ciento cincuenta estudiantes de Medicina, y llegué a casa alrededor de la medianoche. Cuando me levanté a la mañana siguiente para regresar al trabajo y estar presente durante el examen, resultó que Andrei y Justin tenían varicela. Aunque quería quedarme en casa y ocuparme de ellos, cancelar un examen para ciento cincuenta estudiantes de Medicina estaba fuera de lugar. Los chicos tuvieron que quedarse con una canguro y yo me sentí muy culpable.

La realidad para muchas mujeres es que el trabajo ocupa el primer lugar y los hijos el segundo, aunque no dejen de decirse a ellas mismas que debería ser al revés. Cuando nuestros actos reflejan nuestras prioridades, nos sentimos en paz e íntegras. Sin embargo, cuando no podemos honrar prioridades importantes, la culpabilidad asoma la nariz: «Pero ¿en qué estás pensando? –nos dice–. No habíamos quedado en eso. ¿Por qué no te arreglas, te aclaras y te atienes al programa?».

La culpabilidad es una emoción saludable porque hace preguntas que nos orientan hacia nuestro mejor yo y nuestras acciones más compasivas e iluminadas. En un mundo ideal, haríamos los cambios que sugiere la orientación clara y directa, para luego seguir con nuestra vida sintiéndonos más centradas y auténticas. Y si no podemos realizar cambios que sitúen nuestras prioridades en el orden correcto, deberíamos reconocer –y estar en paz con– el hecho de que hemos de cambiar el orden de dichas prioridades. De uno u otro modo, debemos ser fieles a nosotras mismas y a nuestros seres queridos.

Cuando no se realizan los cambios que te conducen a la integridad, la culpabilidad sana se convierte en vergüenza, o se vincula a la vergüenza que ya llevas en ti. Tus limitaciones aparecen una y otra vez en tu mente como un disco rayado, y te quedas sin paz. La vergüenza es una emoción insana. No es una voz que te recuerde lo más preciado para que puedas vivir de acuerdo con ello; no, la voz de la vergüenza es una arpía, siempre criticándote y culpándote de todo aquello que en tu vida no es perfecto. Una vez que la vergüenza pasa a hacerse con el control, todo lo que hagas siempre te parecerá poco. *Tú* nunca serás lo suficiente. La vergüenza tiene que ver menos con lo que haces que con lo que eres. A diferencia de la culpabilidad, que desaparece en cuanto pasas a actuar siguiendo su mensaje, la vergüenza cuenta con resistencia.

Según vayas leyendo la historia que he escrito acerca de mi propia Madre Culpa, comprenderás que la historia también incluye a la vergüenza, que es una emoción paralizante. Como bajo ella subyace la idea de que nunca serás lo bastante buena, ¿para qué deberías intentar tener una vida mejor? Una parte de ti considera que no te la mereces. En mi propio caso, me hicieron falta años de terapia y un intenso trabajo interior a lo largo de finales de los treinta años para poder curar la vergüenza infantil. Sólo entonces pude empezar a escuchar la sabiduría de la culpabilidad y realizar cambios que me honraron a mí misma y a mi familia.

Mientras te cuento mi historia, habrá partes de la tuya propia que te vendrán a la mente. Si no tienes una Madre Culpa, es posible que emerja alguna otra culpabilidad. Te invito a que permanezcas abierta a lo que sientas y que luego lo escribas en tu diario o lo compartas con una persona amada en la que confíes. Eso será el principio, empezarás a perdonarte a ti misma y a soltar el pasado para que puedas estar presente en el Ahora y realizar todos los cambios necesarios con un corazón abierto. Como yo, puede que descubras que deseas una orientación sabia y amable –un terapeuta– para que te ayude en tu curación.

Yo era una joven graduada de veintitrés años cuando llegó Justin, mi primer hijo, desnudo e inocente, a este mundo. El esperma que le engendró se escurrió por el borde de mi diafragma. De haber sabido que nuestros rigurosamente aplicados (no muy bien, por cierto) esfuerzos de control de natalidad eran parecidos a la ruleta rusa, hubiésemos elegido otro método. Pero me alegro de no haberlo hecho. Quise a Justin desde el momento en que atravesó las puertas de mi vientre.

Ese matrimonio temprano con mi novio del instituto ya estaba en la cuerda floja, y habría acabado incluso antes de

que Justin hubiera nacido de no haber sido por mi fiera y enér-
gica madre: «No puedes divorciarte ahora –decretó–. ¿Qué
van a pensar los vecinos?».

Yo ni siquiera conocía a los vecinos, pero mi madre era
una mujer temible a la que no podía desobedecerse. No quería
tener que vérselas con la desgracia de una madre soltera, que
probablemente hubiera manchado el buen nombre familiar.
Por aquel entonces yo no era más que un felpudo lleno de
vergüenza, deseosa de agradar a la gente. Hice lo que se me
dijo, con la esperanza de que la gente –en este caso, mi
madre– me respetase si seguía casada.

Dicen que los jóvenes malgastan la juventud. A mí me
parece que la menopausia se malgasta con las ancianas, o al
menos en las mujeres de edad madura. A causa de la menopausia, muchas mujeres se las han arreglado para superar su
vergüenza inicial y descubrir que les resultaba más fácil decir
la suya. A veces me imagino lo distinta que hubiera sido mi
vida de haber dispuesto de ese valeroso coraje menopáusico
cuando era joven. En ese momento de la vida, habría dejado a
mi marido a pesar de los malos consejos de mi madre. Hubiera
sido mucho más fácil ser madre soltera que intentar equilibrar
trabajo y familia con el estrés adicional de tener que soportar
un matrimonio miserable.

La vida durante el embarazo se convirtió en increíblemente estresante. Puede decirse que los estudiantes de la
Facultad de Medicina de Harvard nos devorábamos unos a
otros para desayunar, de tan competitivos que éramos. El profundo cansancio que sentí al principio de la gestación, que
mencionaban de pasada en los libros que leí, fue no obstante
una increíble sorpresa. Al irme arrastrando por los pasillos de
Harvard tenía la impresión de gatear por el desierto después
de que mi camello hubiera perecido deshidratado. Además, en

la clase sólo había un puñado de mujeres y yo no estaba dispuesta a abandonar y dedicarme a la condición femenina justo cuando estábamos ganándonos un sitio en medicina y ciencia. Estaba decidida a ser la mejor, aunque ello acabase matándome..., algo que estuvo a punto de suceder. Ardiendo de fiebre a causa de una infección de hígado, me atrevía a asistir a clase embarazada de siete u ocho meses, ocultando una botella de agua caliente bajo mi jersey premamá para aliviar el insoportable dolor.

Y no sólo eso, sino que mi esposo y yo éramos terriblemente pobres. Vivíamos de mi sueldo como estudiante graduada, lo que nos situaba muy por debajo del umbral de pobreza. Nuestro diminuto apartamento corría peligro inminente de ser arrasado por las generaciones de industriosas cucarachas que lo consideraban su hogar. La luz se iba con mucha asiduidad porque éramos tan pobres que no podíamos pagar las facturas. Debíamos aparcar el coche en una cuesta porque el encendido estaba estropeado y repararlo costaba demasiado. Por fortuna, mis padres vivían cerca y así yo podía llevarme alimentos de su alacena, pues de otro modo habríamos empezado a pasar hambre hacia finales de cada mes, cuando nos quedábamos sin blanca.

Justin tuvo el buen gusto de llegar tres semanas antes de lo esperado, pero no obstante, con buen peso. Empecé a parir poco después de haber quitado a paladas la nieve caída en una furiosa tempestad de febrero que tapó nuestro coche. Dos días después de nacer, mis padres nos vinieron a buscar al hospital y refugiamos nuestra pequeña familia en su espacioso hogar, donde pude disponer de ayuda. Mi madre insistió en contratar una niñera profesional durante varias semanas a fin de que me pusiese al tanto y me diese un respiro. Sólo intentó ser amable, que Dios la bendiga, pero le salió el tiro por la culata.

Por desgracia, la niñera me odió nada más verme. Yo, claro está, era una madre sin experiencia, y por ello decidió proteger celosamente a Justin de mis avances inexpertos y posiblemente letales. Apenas recuerdo haber podido tomarlo en brazos. Tras seis días de depresión posparto, regresé a las clases y al laboratorio, donde el trabajo sobre mi tesina me tuvo muy ocupada. Al menos había algún sitio en el que me sentía competente y cómoda. La primera semilla de la Madre Culpa quedó así plantada en el fértil terreno de mi joven corazón.

Al cabo de cuatro semanas, cuando finalmente regresamos a los Campos Cucarachados, todavía no sabía cómo cambiarle los pañales a mi hijo. Como era una científica en ciernes que podía crear un gradiente de sacarosa para separar diminutos pedazos de células, manejar un microscopio de electrones tan grande como una habitación y calcular arcanas ecuaciones, me vi más o menos preparada para hacer frente al desafío. Cambiar pañales demostró ser un asunto lo suficientemente fácil poder realizarlo, igual que lavar sus inevitables resultados en una lavandería. Preparar y esterilizar biberones tampoco fue ningún problema. Había querido dar de mamar, pero la Enfermera Malvada lo prohibió. Después de todo, yo trabajaba. La semillita de culpabilidad se abrió, echó raíces e inició su inevitable periplo hacia la luz.

A lo largo de las infancias y los primeros años de mis dos hijos, de primaria y secundaria, esa pequeña semilla de culpabilidad no dejó de crecer hasta que casi estranguló mi corazón. ¿Cómo podría haber sido una madre mejor? No dejaba de contar las maneras, de repasar los momentos importantes de la vida de Justin –y los de Andrei– que me perdí por trabajar. No dejaba de pensar en lo poco que sabía sobre criar niños cuando me dediqué a la maternidad, en principio una de las tareas más importantes del planeta.

Los científicos sociales han estudiado los factores que cargaron los dados en favor de una buena maternidad. Uno de ellos es haberse ocupado de hermanos más pequeños. Pero mira por dónde, yo era la hija menor. Mi hermano, que es diez años mayor, fue como otro padre para mí. Los bebés eran un misterio. Así que busqué ayuda con el gurú del momento, el doctor Spock. Estaba lleno de buenos consejos, y también de algunos malos. Los bebés pueden convertirse en tiranos, escribió, si los mimas. En las páginas de sus libros saltaban descripciones de mocosos que crecían para convertirse en narcisistas sin remedio. Así que en nombre de la buena maternidad, hice todo lo que pude por dejar que Justin llorase durante veinte minutos completos antes de tomarlo en brazos, a menos que existiese una buena razón para tal escándalo, como hambre, cólicos, pañales sucios y cosas por el estilo.

Una noche no hacía más que berrear a voz en cuello mientras yo permanecía esperando al otro lado de la puerta de su cuarto, contando los minutos hasta que pudiera tomarlo y consolarnos ambos. En el minuto dieciocho alguien llamó a la puerta: era la policía. La habían llamado los vecinos, preguntándose si habría algún problema en Campos Cucarachados.

Humillada, tiré a la calle mi guía sobre cuidados infantiles del doctor Spock.

Perdida en el mar sin brújula, me costó lo mío aprender sobre maternidad, probando esto y lo otro. Si carecemos de habilidades parentales, o de un legado de amor de nuestros padres, habría que realizar algún trabajo de curación antes de poder transmitir un patrimonio distinto a nuestros propios hijos. En la actualidad, las madres jóvenes son mucho más afortunadas de lo que fuimos en mi época. En toda comunidad existe todo un mundo de ayuda experta y de buenos consejos sobre ser padres, cultivar la inteligencia emocional, gestionar el estrés y curar el pasado.

Mis hijos se han convertido en hombres. Hace unos pocos años recordábamos su infancia y algunos de los maravillosos recuerdos que conservaban. Justin nos habló sobre una tarde estupenda que pasamos en el planetario Hayden de Boston. De inmediato, la Madre Culpa residual se hizo con el control y amenazó con echar a perder el momento:

—Te gustó tanto el planetario que debería haberte llevado más a menudo –lamenté–. Pero estaba demasiado ocupada.

—Vaya, ya he oído suficiente –rió Justin–. Deberías escribir un libro sobre Culpa Planetaria. En realidad, en lugar de eso escribí uno sobre cómo soltar la culpa. Se titula *Guilt Is the Teacher, Love Is the Lesson*. Puede ayudarte a distinguir entre culpa sana y vergüenza insana, y perfila los pasos para perdonarte a ti misma y a los demás, utilizando la culpa con sabiduría y curando la vergüenza que queda de la infancia.

Aprender de la culpabilidad y luego saber soltarla es uno de los ciclos continuos de crecimiento que señala nuestro tiempo en la tierra. Las enmarañadas raíces de la Madre Culpa –o de cualquier culpa– pueden acabar convirtiéndose en un abono vegetal enriquecido que nos nutra. Esto sucede cuando podemos llegar a perdonarnos a nosotras mismas por todo lo que hicimos o dejamos de hacer, y celebrar en su lugar lo que hemos llegado a ser.

A lo largo de los años, mis hijos y yo hemos hablado sobre las difíciles elecciones que realicé siendo madre trabajadora. Saben que para mí fue complicado combinar trabajo y familia, y que no por ello los quise menos, aunque a veces el trabajo fuese lo primero. Tal vez exista una categoría en la que trabajo y familia sean prioridades iguales. Ésa es la verdad acerca de cómo crié a mis chicos, y todos hemos hecho las paces con ello. Nos hemos reído y llorado juntos, celebrado los muchos y buenos momentos que ha pasado nuestra familia, intentando descubrir la sabiduría que emerge de los tiempos difíciles, acercándonos mucho al escuchar nuestros propios relatos. Como madre, me siento muy bendita.

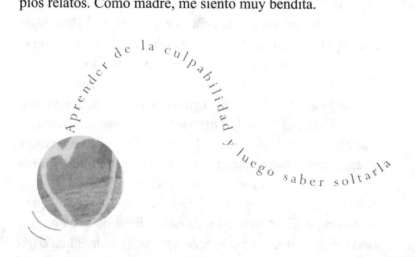

Aprender de la culpabilidad y luego saber soltarla

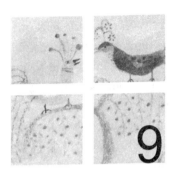

Madres e hijas: perdón y gracia

Ya te he presentado a mi tremenda madre. Esta historia es su legado y una lección acerca del arte espiritual del perdón. Siempre que la cuento, me toma por sorpresa una profunda gratitud por el regalo de su vida, como si experimentase su alma cara a cara por primera vez. Parte de la magia del perdón que compartimos juntas es que se trata de algo que siempre me resulta nuevo, por muchas veces que haya contado su historia. En esa novedad, suele transmitirse un pedacito de gracia a quienes la escuchan o leen.

La mañana de su muerte, a finales de la década de 1980, llevaron a mi madre al sótano del hospital en el que yo trabajaba. Tenía una hemorragia interna, y la remitieron a radiología para identificar su origen. Desapareció durante horas. Mi preocupada familia, que se reunió en su habitación para despedirla, acabó enviándome en su busca. La hallé sola, tendida en una camilla, en el pasillo del hospital. Estaba allí esperando su turno para la placa de rayos X, con nada más que una pared desnuda como compañía durante varias horas.

Busqué al médico responsable y le pregunté si podía devolverla a su habitación. Sacudió la cabeza de lado a lado, frunciendo el ceño:

—Lo siento, pero está sangrando –dijo–. Necesitamos un diagnóstico.

Mi madre, tan pálida como la sábana sobre la que descansaba, se ruborizó un poco y enarcó una ceja.

—¿Un diagnóstico? ¿Eso es todo lo que necesita? ¿Quiere decir que llevo aquí todo el día sólo porque necesita un diagnóstico? ¿Por qué no me lo preguntó a mí?

El médico, que pareció haber visto a un fantasma, se quedó sin habla durante un instante. Finalmente pudo componer un débil:

—¿Qué quiere usted decir?

—Me estoy muriendo. Ése es su diagnóstico –contestó mi madre con su humor de costumbre.

Hay que decir en su favor que el médico comprendió la situación y yo pude convencerle para que me dejase llevarla de nuevo a su habitación. Se suponía que debíamos esperar a un enfermero para realizar el traslado, pero ella me pidió que fuésemos inmediatamente, que la devolviese enseguida a la familia antes de que nadie pudiera volver a querer ocuparse de ella. Finalmente nos metimos las dos solas en el ascensor, de regreso a su planta. Me miró desde la camilla, con la transparencia con que los niños pequeños y las personas ancianas suelen hacerlo: sin artificio, era quien era. Buscó mi mano, me miró a los ojos y dijo sencillamente que como madre había cometido muchos errores, que si podría perdonarla. El dolor de toda una vida se evaporó en ese breve traslado entre plantas.

Le besé la mano y luego la mejilla. «Desde luego que te perdono», le susurré con mi garganta sumergida en lágrimas. «¿Podrás perdonarme por todas las ocasiones en que te juzgué, en que no estuve allí para ayudarte? Yo también cometí mucho errores como hija.» Sonrió y asintió a la vez que sus ojos legañosos –ésos que antaño fueron de un asombroso azul cobalto, más bello que el cielo– se inundaban de lágrimas. El amor tiende un puente a través de una vida llena de culpabilidad, heridas y vergüenza.

Cuando regresamos a su habitación, cada miembro de la familia dispuso de algunos minutos a solas con ella para despedirse. Luego, cuando la luz del día fue dejando paso a sombras alargadas y la noche primaveral caía sobre nosotros como una cortina, todo el mundo se marchó excepto mi hermano Alan, mi hijo Justin y yo. Los tres íbamos a velarla.

Justin era un jovencito de veinte años, muy amante de su abuela, para la que siempre había sido su campeón. Parecía saber intuitivamente lo que necesita escuchar una persona que agoniza, que su vida había tenido un sentido y que abandonaría este mundo un poco mejor gracias a su presencia. Le contó historias sobre lo bien que lo habían pasado juntos, de las ocasiones en que su amor le había ayudado. Justin sostuvo a su abuela agonizante entre sus brazos, le cantó, rezó por ella y le leyó durante casi toda la noche que pasamos juntos. Me siento muy orgullosa de él.

En los nacimientos y las muertes suelen acontecer cosas extrañas. El velo entre este mundo y el siguiente es muy tenue en esos umbrales, por los que entran y salen las almas. Sobre la medianoche mamá cayó en su último sueño, ayudada por la morfina. Justin y yo estábamos a solas con ella mientras mi hermano descansaba un poco. Nos hallábamos meditando a cada lado de su lecho. Pero yo estaba despierta, no adormecida;

perfectamente lúcida, sin ensoñaciones mentales. El mundo pareció alterar su eje y yo tuve una visión; si alguna vez has tenido alguna, sabrás que parecen más reales que la propia realidad. Esta vida parece entonces ser el sueño y la visión un vislumbre de una realidad más profunda.

En la visión yo era una madre embarazada, esforzándome por dar a luz. Pero también era el bebé que nacía. Lo de estar conscientemente presente en dos cuerpos fue una experiencia extraña pero no obstante muy familiar. Con una sensación de aguda perspicacia y certeza, comprendí que en todo el universo sólo existe una conciencia. A pesar de la ilusión de separación, sólo se halla presente uno de nosotros, y ese Uno es el Divino.

Según se movía el bebé por el canal del parto, mi conciencia pasó por completo a ese cuerpo diminuto. Me sentí descendiendo por ese oscuro túnel. Resultó aterrador, una especie de muerte, abandonar la oscuridad acuosa de la matriz para pasar por este territorio desconocido. De repente emergí en un lugar de calma perfecta, de total bienestar, con esa inefable especie de Luz de la que habla la gente en las experiencias cercanas a la muerte.

La Luz está más allá de toda descripción. No hay palabras que puedan expresar el amor total, el perdón absoluto, la tierna misericordia, el gozo divino, la completa reverencia, la asombrosa santidad y la paz eterna que es esa Luz. La Luz del Amor Divino pareció penetrar mi alma. Me sentí como si hubiera visto y conocido todos mis pensamientos, motivos, acciones y emociones en esta vida. A pesar de mis limitaciones obvias y terribles errores, me sostuvo con una absoluta dulzura, total indulgencia y amor incondicional, como si fuese una niña pequeña. Supe más allá de toda duda, acunada en la Luz, que somos y devenimos amor.

Ante mí centellearon imágenes de mí y de mi madre, juntas. Muchas de esas escenas pertenecían a épocas difíciles en las que ambas tuvimos el corazón cerrado frente a la otra. No obstante, desde el punto de vista elevado de la Luz, todas las interacciones parecían perfectas, calculadas para enseñarnos algo sobre cómo amar mejor. Mientras las escenas iban pasando se fue haciendo más clara la misteriosa circularidad de la vida. Mamá me dio a luz en este mundo, y yo di a luz a mi vez a su alma, a su salida de él. Éramos una. Yo renací en el momento de su muerte, bañada en amor, perdón y gratitud. Pensé en las palabras de san Pablo, sobre que vemos a través de un cristal, oscurecido. Durante un instante se me concedió el don de ver cara a cara, directamente.

Cuando abrí los ojos, vi que toda la habitación estaba inundada de luz. La paz era una presencia palpable, una calma aterciopelada, la esencia de Existir. Todo parecía estar interconectado, sin límites. Recuerdo cuando mi profesor de Química del instituto nos explicó que todo estaba constituido de energía, de luz. Esa noche pude verlo así. Todo formaba parte de un todo, latiendo con la Luz de la Creación. Miré al otro lado del cuerpo muerto de mi madre y vi a mi hijo sentado enfrente de mí. El rostro de Justin era luminoso. Daba la impresión de contar con un halo. Lloraba dulcemente lágrimas que parecían diamantes al reflejar la luz. Me incorporé y rodeé la cama, llevando una silla para sentarme junto a él. Miró dentro de mis ojos y me preguntó en voz baja si veía que la habitación estaba inundada de luz. Asentí y nos tomamos las manos en silencio. Al cabo de unos cuantos latidos, susurró reverentemente que esa luz era el último regalo de su abuela. «Está manteniendo abierta la puerta de la eternidad para que podamos tener un vislumbre», me dijo.

Siguió mirándome intensamente y habló con más profundidad y sabiduría de las que le correspondían a sus veinte años: «Debes estar muy agradecida a tu madre», dijo. Yo sabía perfectamente de qué me estaba hablando. Había sido una hija desagradecida, manteniendo durante años mucho rencor contra mi madre. Ahora mi corazón estaba sumergido en gratitud, una emoción totalmente nueva respecto a ella.

Resultó que Justin tuvo una visión, que no ha querido contar hasta el momento. Pero me dijo todas esas cosas en la habitación del hospital donde descansaba el cuerpo anciano, de ochenta y un años, de su querida abuela. Mi madre, dijo, era una gran alma, un ser sabio que albergaba más sabiduría de la que le permitía expresar su papel en esta vida. Había adoptado uno muy inferior al que le correspondía, me aseguró, para que así yo tuviese a alguien a quien resistir. Al resistirme a ella, debía convertirme en mí misma. Mi propósito en la vida, me dijo –un propósito en el que ella desempeñaba una parte vital– era compartir el don de lo que yo he aprendido sobre curación, compasión, Dios y autodescubrimiento.

Miré al suelo para recogerme y luego volví a levantar la mirada hacia los amables ojos verdes de mi hijo.

—¿Podrás perdonarme, Justin? Sé que como madre he cometido muchos errores. ¿Sabes cuánto te quiero?

Me tomó la mano:

—Hay errores que se cometen al servicio del amor –susurró.

Y entonces cambió la energía de la habitación, la luz se desvaneció y nos abrazamos durante largo rato. Al separarnos me sonrió y rió: «Vaya, mamá, ¿sabes que me heriste de la manera adecuada?». Nos pusimos en pie y empezamos una tonta danza juntos, igual que la que vimos hacer a Ren y Stimpy, dos personajes de dibujos animados televisivos.

«Felicidad, felicidad, alegría, alegría», cantamos mientras bailábamos de manera incongruente por la habitación de una madre, de una abuela muerta, cuyo amor habíamos compartido y experimentado de maneras muy distintas.

—Acuérdate, por favor, cariño, de perdonarme –le recordé poco después–. Estoy segura de que todavía no he acabado de cometer errores

En los quince años que hemos compartido desde la muerte de mi madre, Justin y yo hemos cometido errores, y ambos nos hemos responsabilizado de ellos, corrigiéndolos lo mejor que hemos podido. Pero la gracia del perdón entre madre e hijo, y la sensación de que estamos aquí juntos porque estamos aprendiendo a amar, ha facilitado muchísimo el proceso. Sólo por eso ya me siento muy agradecida.

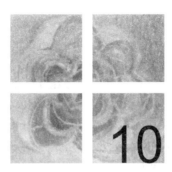

10

Ser y hacer: cómo hacer visible el amor

Imagínate tu fallecimiento inesperado. Te apresuras por llegar al trabajo, repasando febrilmente tu lista de recados, cuando de repente te alcanza un rayo. Pasas a ser historia, consumida por un brillante relámpago de luz. Amigos y familia se reúnen en tu funeral, y mientras comen embutido van recordando tu vida. ¿Qué crees que dirán? ¿Te echarán de menos como un *ser* humano cariñoso, que tal vez consiguiera muchas y buenas cosas pero pagando un precio en el proceso?

Al igual que muchas otras personas que han elegido carreras en la asistencia sanitaria y la psicología, me he pasado la vida intentando ayudar a los demás. Cuando soy capaz de hallarme totalmente presente frente a la persona con la que estoy, la curación es algo que emerge de manera natural del estado mutuo de Ser, de Existir, de centralidad, que nos envuelve. Pero a veces, cuando estoy agitada y confusa, con prisa por cumplir algún plazo, esa suave conciencia y benevolencia de Ser desaparece en la agitación del hacer. Desquiciada con la necesidad de tachar cosas de la lista, por acabar ese o aquel importante proyecto o por contestar todas las llamadas telefónicas, la amabilidad pasa a ocupar un lugar secundario, desplazada por la urgencia. Me olvido de parar y escuchar. A los seres queridos los doy por sentado o incluso los trato de pelmas y pesados cuando me interrumpen. En mi reino interior se torna soberano entonces un narcisismo inconsciente. Mi buen amigo, el sabio autor y pastor Wayne Muller, lo denomina «haciendo el bien de mala manera».

Este síndrome de «hacer el bien de mala manera» es como un anuncio de neón que informa de que has perdido tu centro. Cuando el trabajo se convierte en asesino del amor, es

Atención · Aceptación · Ap

que has vendido tu alma al diablo. Cuando haces el bien de mala manera, las personas que te rodean suelen reflejar tu estado interior. Los compañeros de trabajo y los seres queridos que empiezan a actuar como un dolor de muelas son una oportunidad para ser honesta contigo misma y pararte a reflexionar. ¿Cuándo es su comportamiento un síntoma de tu propia falta de conexión con tu corazón, una ausencia del Ser que te impide conectar con ellos?

Es fácil racionalizar la pérdida de la capacidad de Ser y negar el dolor de un corazón cerrado. ¿Estás demasiado ocupada para prestar atención a las personas? Lo cierto es que existen muchas y buenas razones para ello. Has de ganarte la vida, el plazo de entrega se acaba mañana, el mundo necesita tu ayuda, tu jefe te está considerando para un posible ascenso, el trabajo del curso es muy pesado este semestre, es período de vacaciones, tienes tres hijos, puedes ser la primera que acabe estallando... y así hasta el infinito. Todas esas cosas y más pueden ser ciertas. Incluso pueden estar cinceladas en piedra o ser publicadas en *The New York Times*. Pero ¿te excusa eso de amar?

La gente se dice entre sí «te amo» todo el tiempo. Pero ¿qué significa realmente? El psicólogo David Richo es autor de un libro muy preciso y práctico sobre amor e intimidad titulado

cio . Afecto . Autorización

How to Be an Adult in Relationships: The Five Keys of Mindful Loving. Escribe: «Nos sentimos amados cuando recibimos atención, aceptación, aprecio y afecto, y cuando se nos autoriza, se nos permite la libertad de vivir de acuerdo con nuestras más profundas necesidades y deseos».[1]

Atención, aceptación, aprecio, afecto y *autorización* –lo que Richo denomina «las cinco Aes»– son los comportamientos que convierten en reales las palabras «te amo». Cuando te encuentras en ese estado de Ser, esos cinco comportamientos aparecen de manera natural. Son la expresión más simple de la Presencia, la sensación centrada de ser en el Ahora. Pero cuando estás descentrada, ocupada, entonces practicar las cinco Aes de manera consciente puede abrirte el corazón y devolverte al estado centrado de Ser. Recibir las cinco Aes como una niña es la base para desarrollar un saludable sentido de una misma. Recibir las cinco Aes como una adulta conlleva alegría y paz. Nacimos para dar y recibir amor.

El amor es más grande que el idilio. El idilio se desvanece y entonces, si el amor no ha echado raíces, la gente se separa. El amor también es más grande que el afecto que sentimos por el puñado de personas que tenemos más cerca de nosotros. El suave campo de Ser, de Existir, que crea el amor puede ampliarse a todas las personas en todas las relaciones que mantengas. Eso incluye a quienes están más cerca de ti y también a los extraños que, como dice el adagio, no son más que los amigos que no hemos conocido todavía.

A continuación se exploran en profundidad las cinco Aes.

Atención

Un examen final en un curso de una escuela de negocios hacía una interesante pregunta: «¿Cómo se llama la mujer que limpia las oficinas en esta planta?». Una de las mujeres que hacía el examen no sabía el nombre, pues había dedicado escasa atención a alguien que consideraba poco importante. La pregunta hizo que comprendiese que toda persona es valiosa y que vale la pena reparar en ella, pero que a veces colocamos a la gente en categorías que nos permiten ignorarla. Saber cómo se llama una persona la identifica como un ser humano igual que tú y te conecta a ella como compañeros de viaje. Fijarse en alguien que pudiera haber permanecido invisible hasta entonces y tratarle con respeto en ese momento tiende un puente de Ser, que no es más que amor en acción. Cuando una persona amable nos presta atención, sentimos que somos valiosos y que interesamos.

Puedes crear una conexión con cualquiera con quien estés al ofrecerle el regalo de tu plena atención. ¿Qué es lo primero que tienes que hacer cuando acabas de salir de trabajar, revisar el correo o empezar a preparar la cena? Establecer una conexión con tu familia prestando atención a cada persona mediante un saludo cálido, preguntas sobre cómo les ha ido el día o un abrazo crea un campo de Ser y amor. *Luego* puedes repasar el correo, leer el periódico o hacer lo que sea que tengas en tu agenda, porque ya habrás acercado y creado el vínculo amoroso del que fluye la bondad de manera tan natural como la noche da paso al día.

Que a una le presten atención significa cosas distintas para personas distintas. Por ejemplo, si estoy triste, siento que me prestan atención si una amiga o ser querido se da cuenta de mi estado emocional y me lo refleja: «Pareces triste, Joan. ¿Quieres hablar de ello?». Puede que sí quiera hacerlo o puede que no, pero su atención nos ha vinculado de corazón a corazón. Puedo relajarme un poco en el cálido abrazo que implica que alguien se acerque a mi vulnerabilidad. Por otra parte, mis hijos me enseñaron que prestar atención a sus estados emocionales a veces les daba la impresión de que fisgaba en sus vidas. Un simple abrazo, una broma o una invitación a ir al cine pueden ser maneras de prestarles atención, y de que a la vez se sientan seguros y animados cuando son vulnerables.

Aceptación

La segunda de las cinco Aes de Richo es aceptación. Ashley, la hija adolescente de una amiga mía, no hace mucho que se quedó embarazada. En mi generación eso hubiese significado una importante catástrofe. Cada vez que me sentía mal, mi madre se preocupaba mucho y finalmente acababa espetando sus temores, aparentemente caídos de la nada: «¿No estarás embarazada, verdad?». Se hubiera tratado de una concepción inmaculada, ya que se había cuidado muy mucho de situar guardias a mi alrededor y de hacerme poner, casi, un cinturón de castidad. Al sentirme culpabilizada y avergonzada por la no aceptación y la desconfianza de mi madre, me encerraba en mi habitación, furiosa. Era imposible hablar de salir con chicos y de sexualidad con ella, y las dos perdimos por ello una oportunidad para acercarnos. Si me hubiera quedado embarazada de soltera, no creo que se lo hubiera contado nunca. Y probablemente, en esa situación, me las habría arreglado mucho peor que con una ayuda cariñosa.

Mi amiga trató a su hija embarazada con una cariñosa aceptación que creó confianza en lugar de destruirla. En vez de proyectar en ella sus temores, se interesó por los sentimientos de Ashley. Ésta no tardó en confiarle toda la historia de su embarazo porque la aceptación abre el corazón. Aunque la madre de Ashley no estuviese de acuerdo con las circunstancias que habían llevado al embarazo, amaba y aceptaba a su hija incondicionalmente. Fuere cual fuere la experiencia de Ashley, su madre la consideró parte de su emergencia como ser humano. La aceptación se convirtió en la base desde la que creció y profundizó su amor y cercanía, aunque tanto madre como hija se sentían asustadas y preocupadas acerca del embarazo.

Aprecio

En una ocasión, de joven adulta, participé en una obra teatral satírica, en una parodia en un congreso científico. Por entonces yo no me sentía muy segura e improvisar no era lo mío. Pero mis compañeros me animaron, y de alguna manera logré soltar y sumergirme en un espíritu creativo. ¿Era yo realmente esa persona, haciendo el tonto y contando chistes graciosos frente a una audiencia que no dejaba de reír? Cuando acabó la función, se me acercó uno de los científicos, encantado. Me palmeó la mano, sonriendo como un gatito meloso, y dijo: «¡Ha estado usted magnífica! ¡Sus amigos deben de sentirse muy orgullosos!». Eso es aprecio, la tercera A. Es un voto de confianza muy generoso. Por muy ocupada que tengas la vida, siempre hay un momento para ofrecer unas palabras de aprecio, que como el agua en un jardín, hacen florecer a las personas.

Si crees que tus empleados o compañeros de trabajo lo están haciendo bien, ¿por qué no decírselo? No des por sentado que ya lo saben. Aunque fuese así, tus muestras de aprecio crearán un vínculo más profundo. Les dará confianza y aumentará el respeto que sientan por ti, así como su entusiasmo en el trabajo. Si alguien tiene buen aspecto, hazle un cumplido, mientras sea sincero y sentido. Las muestras de aprecio hacen que la gente se sienta percibida y valiosa. Es un regalo que les ayuda a dirigirse hacia su centro, donde resplandece su ser.

Afecto

La cuarta A es el afecto. Una suave caricia, un abrazo sentido, e incluso una mirada cariñosa, pueden abrir el corazón. El afecto dice: «Tu presencia hace que el mundo sea un lugar en el que vale la pena vivir, y estoy encantada de estar en él en tu compañía». Tomando prestado un pensamiento del poeta Rumi, diría que el afecto nos vuelve a enternecer otra vez, como le ocurre a la tierra en primavera. Crea las condiciones en las que nuestro potencial interior puede salir a la luz.

Tengo un perro de compañía que se llama *Elijah*. Es un shin tzu chiquitín y adorable, una bolita de pelo en blanco y negro. Cuando me agacho para acariciarlo, *Elijah* alza la cabeza y me mira a los ojos. Todo su ser parece alzarse para recibir amor. Dar y recibir afecto es algo que está engastado en el interior del ser humano y de muchas especies animales. Si a las ratitas no las lame su madre lo suficiente, cuando crezcan tendrán sistemas inmunitarios debilitados. Si a los bebés humanos no se les hace caso ni se los toca, también sufren sus sistemas inmunitarios. La falta de contacto inhibe el crecimiento hormonal y esos niños sufren una especie de atrofia en ese sentido, y más adelante son incapaces de crear vínculos. Cuando somos adultos seguimos necesitando afecto y un contacto que nos diga: «Te quiero y te respeto». Eso nos abre el corazón y nos conduce directamente a la paz de Ser.

Autorización

La A final es autorización. Todas las personas necesitan libertad para convertirse en lo que son. Los niños precisan límites claros, un contenedor en el que crecer. Pero existe una gran diferencia entre ser una controladora obsesiva y tener manga ancha. Cuando se le dice a un niño o niña que le pintarás la habitación, permitiéndole participar en la elección del color, estás reconociendo una forma de autorización. Eso no significa que la pintarás de negro si a ti te parece mal, pero sí cooperar juntos para hallar un color que le convenga a todo el mundo. Autorizar o permitir a nuestros seres queridos la libertad de expresarse a sí mismos, de solucionar los problemas de una manera que respete sus sensibilidades y realizar elecciones que sean distintas de las que hubiéramos hecho nosotras es autorizar.

Decirle a una estudiante graduada que debería pensar en elegir su tesis significa que le estás indicando que debe seguir sus propios intereses en lugar de los tuyos, siempre y cuando su proyecto vaya a dar resultados. Yo tuve un estupendo consejero para mi tesis. Cuando se me ocurrió una idea demasiado complicada, así me lo señaló, y me proporcionó una retroinformación veraz que me ayudó a elegir mejor. Finalmente, la manera en que me orientó hizo que eligiese un tema que realmente era mío en lugar de suyo. Dar a una empleada el espacio suficiente para que se desenvuelva utilizando sus recursos es decirle que confías en que haga el trabajo sin «sobrevolarle» por encima como si fueses un buitre al acecho. Cuando la gente siente que cuenta con nuestra confianza, aumenta la competencia y creatividad.

Cuando se tienen en cuenta las cinco Aes, la mayoría de las veces acaban retornando a nosotras. No se trata tanto de que la gente responda de una manera determinada, sino que lo que ocurre es que al ofrecer amor incondicional entramos en nuestro propio estado de Ser. Convirtiendo el amor en una práctica consciente, nos enraizamos firmemente en la bondad y efusividad propias de un corazón abierto. La paz florece entonces en nuestra familia, lugar de trabajo y el mundo que nos rodea.

**Tercera
parte**

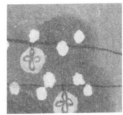
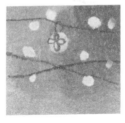

Regresar
a ti misma

11

Perdida y hallada

Uno de mis libros favoritos desde siempre es *The Pull of the Moon*, de Elizabeth Berg. Cuenta la historia de Nan, una mujer de mediana edad que se siente como si se hubiese perdido a sí misma en sus veinticinco años como esposa y madre. Un día, Nan ve un diario y se le ocurre que podría comprarlo e irse de casa. Se va, obedeciendo a un impulso, y emprende un solitario viaje por carretera durante una semana, algo totalmente inimaginable en ella, con su carácter obsesivo y dominado por las obligaciones. La novela consiste en una alternancia de fragmentos sobre su viaje, entradas de su diario y cartas dirigidas a su esposo, Martin.

La primera entrada en el diario va acompañada de una fotografía donde aparece una mujer, aparentemente en la década de 1940, sentada de forma remilgada en la hierba, con traje chaqueta y sombrero, con el bolso descansando modestamente sobre el regazo. Nan la recortó del periódico del domingo porque le recordaba cómo se había perdido a sí misma a lo largo de los años. Al igual que la mujer de la foto, dice, también se olvidó de la hierba. Recuerda a la joven que fue en el pasado: «No tenía ningún sentido del tiempo. Y no me importaba nada lo que mis opiniones significaban para los demás. No lamentaba ninguna parte de mi ser. Sólo tenía en cuenta el color lleno de luz, así como el olor y la suave sensación de la tierra que pisaba. Mi mente reposaba en mi corazón, que era como un luminoso cometa anclado en lugar seguro».[1]

A veces leo ese fragmento en talleres para mujeres. Tiene la virtud de abrirse camino bajo nuestra apariencia de invulnerabilidad, alcanzando el tierno espacio interior que contiene todas esas respiraciones hondas y cálidas lágrimas. Si el lamento de Nan da en el blanco en tu corazón, es posible que provoque preguntas como: «¿Es que mi vida sólo es todo este ajetreo, esta competitividad sin tregua? ¿Es que sólo puedo percibir responsabilidades sin fin? ¿Cuándo vacié mi amplio corazón y empecé a aprender a vivir en este mundo bidimensional de listas y más listas?». La sensación de que podríamos habernos perdido a nosotras mismas –o al menos una parte muy valiosa– puede convertirse en una terrible sensación. Por eso *The Pull of the Moon* me parece tan potente. En una carta dirigida a su marido en casa, Nan escribe acerca de cómo se sentaban en la cocina, hablando de cosas cotidianas, mientras en su interior sentía «un aullido tan agudo que le costaba creer que su sonido no le rebosase por los ojos, por las orejas o por debajo de las uñas...».[2]

Yo también he sentido ese tipo de desesperación silenciosa. Y al mismo tiempo, también que mi vida es una existencia bendita, repleta de oportunidades y alegrías, sentido y amor. Esas sensaciones son muy saludables porque son realistas. La vida es una mezcla de experiencias y cuando desaparece el equilibrio tenemos la fuerza necesaria para volver a recobrarlo. Si apenas puedes recordar la fragancia de la lluvia en tu cabello, la sensación de la brisa en tu rostro, la belleza de una noche estrellada o un contacto estremecedor, lo más probable es que te hayas perdido a ti misma en una vida agitada y enloquecida. Por otra parte, tampoco puedes pasarte la vida dando volteretas sobre la hierba. A veces las rosas emitirán su fragancia mientras asistes a una reunión o acudes al recital de danza de tu hija.

Aunque puedes aprender a estar consciente y presente mientras friegas los platos como si fueses una niña haciendo volatines en la hierba, casi todas las personas necesitan tiempo para disfrutar de la naturaleza. La naturaleza es una auténtica tierra mágica llena de equilibrio, donde las fuerzas primordiales nos hacen retomar una comprensión consciente de la vida. Cuando pregunto a las mujeres qué hacen para centrarse, la respuesta más frecuente es sumergirse en la naturaleza. Pero cuando las responsabilidades pesan tanto que no puedes hacer las cosas que te proporcionan placer y te vuelven a conectar con tu verdadero ser, entonces puedes perder el contacto con el Ser. Y cuando pierdes contacto con ese centro, todo se hace más difícil y pierde delicadeza.

Cuando estoy muy ocupada, por ejemplo, tiendo a dejar de lado hacer ejercicio. No es nada difícil, porque la verdad es que no me gusta nada hacer ejercicio. Pero cuando no practico lo suficiente, mis pautas de sueño empiezan a deteriorarse. La falta de sueño hace que resulte más difícil trabajar, con lo cual todo empieza a fallar. Se manifiesta entonces mi personalidad superresponsable y perfeccionista, con su quejumbrosa voz insistiendo en que nada de lo que hago está suficientemente bien. Se va acumulando la tensión muscular en el cuello y los hombros, para acabar dando paso a la migraña. Éstas son mi talón de Aquiles, la debilidad física que explotan mis emociones para enviar mensajes que dicen «te has perdido a ti misma».

Pero también puedes llegar a perderte a ti misma de maneras más graves. Cuando estás perdida en una relación tóxica, o en un trabajo que te arrincona, regresar a ti misma requiere algo más que pasar tiempo en la naturaleza, apuntarte a una clase de yoga o darte un baño caliente. Hay que crear un ajuste en las actitudes, o aventurarse para emprender un viaje de una semana, como hizo Nan. Has de reunir todo el valor posible y hacer lo que sea necesario para redescubrir ese centro que perdiste.

Cuando te sientes así significa que tu vida interior está gritando para llamar la atención, tanto mediante intensas emociones como síntomas físicos. Un ataque de lumbalgia, problemas digestivos, dolores de cabeza, una enfermedad inmunitaria o el insomnio pueden ser señales enviadas por el sistema de seguridad intuitivo de tu cuerpo para decirte que has abandonado alguna parte esencial de ti misma. Los síntomas físicos rara vez son aleatorios: casi siempre dicen algo. No estoy tratando de afirmar que tu mente y tus emociones creen la enfermedad, sólo que a menudo desempeñan un papel en ese proceso. Si tienes una debilidad física –una tendencia en algún sistema orgánico, como me sucede a mí con las migrañas–, los factores emocionales pueden desencadenar el malestar. En el otro extremo, el equilibrio que reporta el hecho de sentirse bien en una misma puede evitar que una debilidad se manifieste orgánicamente.

Cuando nos sentimos bien en nosotras mismas, en contacto con nuestro centro, nos sentimos como Nan, inocente y liberada de la carga de llevar una vida ajetreada. La sensación de que nuestro corazón se halla «como un luminoso cometa, anclado en lugar seguro» es sentir paz interior. Se trata de una sensación de regreso al hogar. Independientemente de dónde te encuentres y de qué estés haciendo, esa sensación de paz interior es como la Estrella Polar. Puedes orientarte gracias a ella. Por eso son tan importantes la práctica de ejercicio, del yoga o de la meditación, de rodearse de naturaleza, así como un enfoque consciente de la vida. Mantienen tu vida anclada con seguridad en tu corazón.

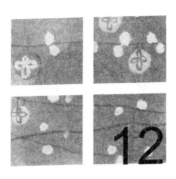

Atención plena: las luces están encendidas y hay alguien en casa

¿Has escuchado alguna vez la expresión: «Las luces están encendidas, pero no hay nadie en casa»? Hacer el amor mientras redactas mentalmente la lista de la compra puede ser muy eficaz, pero no disfrutas gran cosa. Si no estás en «casa» para gozar del amor, la experiencia sexual es árida y seca, tanto en sentido figurado como literal. Si un domingo vas a la playa con tus amistades o familia y estás preocupada pensando en la entrevista que tendrás el lunes con ese o aquel cliente, te arruinarás el día y empezarás a preguntarte dónde pasaste todo ese tiempo.

Cuanto más ajetreado es el día, más posibilidades existen de que te conviertas en una aprendiza de astronauta, «volando» por el espacio con el piloto automático. ¿Alguna vez ibas conduciendo por la autopista y tomaste la salida correcta sin darte cuenta de cómo llegaste hasta ahí? Eso es la vida imitando una película de Woody Allen. Vas conduciendo, con la radio encendida y la persona que te acompaña habla, y hay una parte de tu cerebro que inconscientemente se las apaña para manejar todos esos estímulos sin que en realidad dedique toda la atención a ninguno de ellos en particular. Ese estado tan frecuente de distracción o inconsciencia es el tipo de experiencia extracorporal más frecuente.

La inconsciencia es como el sonambulismo. Y cuando trabajas dormida te estás perdiendo mucha información. ¿Alguna vez has «caído en la cuenta» de repente de que sientes el cuello y los hombros como si de ellos te colgase un saco de piedras? ¿Cómo pudiste llegar hasta ese punto? ¿Dónde estabas cuando empezó a acumularse la tensión? Si desarrollas el hábito consciente de sintonizar con tu cuerpo varias veces al día, te despertarás y empezarás a advertir las señales que te envía. A veces todo lo que necesitarás será estirarte para hacer frente a un día complejo frente al ordenador y evitarte un dolor de cabeza o de cuello. O tal vez notarás la ansiedad o la rabia subyacentes que crean tensión. De ese modo podrás hacer algo al respecto y lidiar con el mensaje emocional.

La atención plena, o hacerse consciente, es regresar al momento presente, a la Existencia, a la paz de tu verdadera naturaleza. El presente es el único lugar en el que podemos vivir, pues el ayer se acabó y el mañana todavía no ha llegado. Mi amigo y colega el doctor Jon Kabat-Zinn, autor de *Full Catastrophe Living: Using the Wisdom of Your Body and Mind to Face Stress, Pain, and Illness* y de *Wherever You Go, There You Are: Mindfulness Meditation in Everyday Life*, ha contribuido a que la «atención plena» sea algo de lo que se habla mucho. La define como «un método para estar atento a tu vida, a sabiendas, en el momento presente y de manera imparcial».[1]

Atención plena es tanto una forma de práctica meditativa como una forma de vivir que empieza a desarrollarse de manera orgánica a partir de su práctica. Todo el mundo es consciente o está atento en ocasiones, pero no de forma intencional, sino porque es la propiedad predeterminada de la mente. Es el lugar al que regresamos cuando nos relajamos y dejamos de pensar. Es un estado de mente natural que está presente en lo que *es*, sin enjuiciamiento, interpretación o resistencia. Cuando disfrutamos percibimos la vida directamente en lugar de reaccionar a nuestros pensamientos sobre lo que sucede. Las luces están encendidas... y estamos en casa. Estamos en el centro, en el Ahora. Somos Existencia.

Una de mis actividades conscientes favoritas es el esquí de fondo los días soleados de invierno. Es una de las ventajas de las que disfrutamos gracias al maravilloso clima de Colorado. La belleza de la luz danzando sobre la nieve en polvo, el azul saturado del cielo de alta montaña, la penetrante calidez del sol invernal, la fragancia de los abetos, el suave contacto del viento, el sonido aterciopelado del silencio acentuado por la suavidad del roce de los esquís, sentir cómo trabajan los músculos en armonía con la respiración..., eso es atención plena. Eso es paz. Eso es una mente natural. A menos, claro está, que una mente ajetreada, tendente a la planificación, a obsesionarse, evaluar y prejuzgar, acabe arruinando la diversión.

A la mente atareada le gusta extraer juicios. Compara, critica, proyecta y decide si algo está bien o mal. Extraer juicios es una habilidad estupenda y necesaria cuando se es contable y se hacen números ante la oportunidad de cerrar un negocio, o se es una madre calculando la mejor dieta para sus hijos. Pero si se practica esquí de fondo y la Gran Enjuiciadora empieza a manifestarse en ti, desaparece la mente natural y la alegría que la acompaña.

Éste es el proceso mental en el que puede acabar metiéndose la Enjuiciadora Joan al desviarse de la senda que conduce a una tarde relajada: «Solía esquiar más deprisa, pero me estoy haciendo vieja. Qué bien esquiar sola, así puedo ir a mi ritmo y no sentirme como un caso de geriátrico, con todo el mundo corriendo como balas. Tengo débiles los músculos de los brazos. Cuando me vi en el espejo esta mañana me di cuenta de que la piel empieza a perder tersura. Vaya. Parezco la abuela de alguien. Bueno, la verdad es que *soy* la abuela de alguien. Pero los muslos de mis piernas empiezan a parecerse a unos calcetines caídos y hacer ejercicio no ayuda. La causa son unos malos genes, sí, eso es. Es el lado Berkman de la familia. Las mujeres Berkman tienen piernas como postes. Beth tiene tres años más que yo y tiene unas piernas estupendas...». Y así todo el rato. Los pensamientos engendran más pensamientos que anestesian la inmediatez de la experiencia. Al prejuzgar inconscientemente vuelvo a dormir despierta.

La Enjuiciadora es una aguafiestas. Puede pasarse todo el día cotorreando, creando desagradables cuentos basados en la historia familiar, los prejuicios sociales y los temores personales. Ninguno de esos cuentos hace que la vida resulte más agradable o funcional. Son respuestas condicionadas, como las que daban los perros de Pavlov cuando salivaban en respuesta a una campana que previamente había anunciado la comida. Si te acostumbras a criticar tu cuerpo porque nuestra sociedad gratifica a las mujeres delgadas de grandes pechos, la Enjuiciadora empezará con su crítica letanía siempre que una divagación haga diana en el cuerpo. Y todas nosotras contamos con una asombrosa cantidad de dianas sobre las que disparar en cualquier momento.

Hay una vieja historia que habla de un hombre que encuentra una botella polvorienta al borde de un camino. La frota y de ella sale un genio. Pero resulta que consigue más que los tres deseos de costumbre. El trato es que el genio le proporcionará todo aquello que desee. Pero si se queda sin peticiones, el genio, aburrido, le devorará. Los genios son rápidos y antes de acabar el día, el hombre ya vive en una gran mansión con su alma gemela, se alimenta de manera refinada y es entretenido por bailarinas. Se está quedando sin deseos, corriendo el peligro inminente de convertirse en la cena del genio. Tras una rápida consulta con una sabia mujer que vive en la cima de una montaña, el hombre hace que el genio plante un largo poste frente a su casa. «Sube y baja de ese poste —ordena—. Te llamaré cuando necesite que hagas algo más.»

El genio es tu mente. Resulta que es una sirvienta estupenda, pero si se descontrola puede acabar devorándote. Subir y bajar del poste representa tu inspiración y espiración. Puedes practicar una meditación atenta sentándote tranquila y percibiendo las sensaciones asociadas con tu inspirar y espirar. Hay muchas maneras de hacerlo, y todas son buenas. Una de las más sencillas es fijarte en que la inspiración que entra por tus fosas nasales es fresca, y que la espiración es cálida. No se trata de juzgar la respiración. Calidez no es mejor que frescura. Una respiración entrecortada no es mejor que una regular. Lo único que debe importarte es tu conciencia momento a momento de la sensación de inspirar y espirar. Cuando los pensamientos tratan de abrirse camino, como siempre hacen, las instrucciones son decirte a ti misma: «Pensando». Luego los sueltas y devuelves la atención a la respiración. Si lo practicas durante unos veinte minutos al día, cada día, empezarás a familiarizarte con la atención plena en la vida cotidiana. Cuando la Enjuiciadora inicie sus actividades, puedes decirle que suba y baje del poste, liberándote para así poder disfrutar y experimentar el regalo de la vida desplegándose.

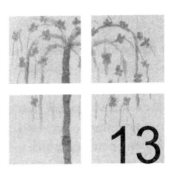

13

Meditación y paz interior

Meditar no es fácil. Si esperas que te reporte paz instantánea, olvídate de ella. En su lugar lo que obtienes es un encuentro cara a cara con todas esas cosas que giran continuamente en tu ocupado cerebro. La mayoría de mis meditaciones siguen siendo competiciones con la Enjuiciadora. Mi mente se ha ido calmando algo gracias a los años de práctica, pero todavía puede apoderarse del centro de la atención en pocos minutos. Con el tiempo he aprendido a reaccionar menos a sus impulsos y a dar más espacio a mis pensamientos. La cuestión es dejarlos ir y venir, sin juzgar tu actuación ni tratar con demasiado esfuerzo de mantener tranquila la mente. Cuanto más intentas esto último, más se agita la mente.

Hay una instrucción de meditación que compara la mente a un toro bravo. Si se lo encierra en un corral pequeño se volverá loco, pero si lo devuelves a la dehesa, se tranquilizará de manera natural. La dehesa es una actitud de curiosidad atenta. No importa lo que ocurra tras la meditación. Una cosa sería igual de buena que otra. Tensión o paz, alegría o pesar, aburrimiento o emoción..., todo es igual. No es inherentemente bueno o malo. Sólo es lo que sucede en el instante. Aguarda un minuto, o incluso unos pocos segundos, y sucederá algo distinto. Los pensamientos son tan impermanentes como las nubes.

Puedes percibir tus pensamientos y sensaciones cambiantes con la curiosidad de una niña. «Ahí hay paz», o: «Vaya, aquí llega la cólera». Si no prejuzgamos, los pensamientos son menos pegadizos. Puedes relajarte y fijarte en cómo flotan a través del claro cielo azul de tu mente natural. El cielo es espacioso y no intenta atrapar a las nubes. Y aunque por él pase una nube de tormenta, el cielo en el que flota permanece tranquilo. Ésa es la actitud de amplitud, la dehesa. La meditación es cuestión de llevar a cabo el paso entre identificarse con las nubes cambiantes y descansar en el cielo espacioso del que salen y en el que vuelven a desaparecer. El cielo es pura Existencia, la experiencia del Ahora. Cuando estás ahí, te hallas en tu centro.

Con el tiempo, la amplitud se extiende a la vida cotidiana. Obtienes vislumbres de tu centro, la mente natural, el estado de Ser o Existencia, más a menudo. En lugar de percibir el mundo a través del velo de los pensamientos, lo percibes directamente, cara a cara. En esos preciados momentos de Presente, todo tu ser se convierte en un enorme y generoso Gracias. Esos vislumbres espontáneos de Existencia son lo que me motiva a continuar con la meditación, o a retomar su práctica cuando la he dejado durante un tiempo.

Te invito a llevar a cabo un pequeño experimento. Deja que tu cuerpo se relaje y concéntrate en algo que hayas visto antes, como tu teléfono. Dedica unos momentos a mirarlo, fijándote con atención en los detalles, tal y como son. Existen ciertas probabilidades de que te fijes en cosas que no habías visto hasta el momento. Las etiquetas fijan nuestra experiencia, de manera que no vemos con una mirada fresca. En lugar de ver las cosas, experimentamos nuestros pensamientos sobre ellas y con eso se difumina la inmediatez de la experiencia. Cuando estamos atentos, cuando somos conscientes, las etiquetas desaparecen, y nos abrimos a un mundo de sorpresa y deleite. Nos convertimos otra vez en niños y nuestras mentes saludan la vida con ese Gran Gracias.

Éste es un ejemplo de vislumbre en la Existencia y de la gratitud que te invito a compartir mentalmente. Me hallo sentada en mi acogedora sala de estar, al anochecer, encandilada por el misterioso hechizo que teje el crepúsculo. La casa parece flotar en el aire, como una nube bañada en el vino rosado del anochecer, desplazándose sobre las montañas púrpuras y las amplias llanuras que puedo ver extendiéndose a través de los ventanales de cristal. Me hallo acurrucada en una silla en una gruta de plantas que rodea una imagen de Kwan Yin, la *bodhisattva* china de la compasión. Sus dulces ojos ven el sufrimiento del mundo. Yo también siento que ella me ve, y me perdona por mis miedos y dudas, mis coléricas ausencias de Dios, y mis fracasos y errores mundanos. Yo, que tantas veces me he sentido como una huérfana, me siento abrazada por un dulce océano de amor maternal, inundada por una paz y una gratitud indescifrables.

Kairos, el tiempo eterno, se cruza con *chronos*, cuando la luz cambia durante el amanecer y el ocaso. Si pones atención podrás sentir esa intersección en tu corazón, casi como una dulce y penetrante sensación de amor duradero y calma profunda. Casi todas las tradiciones espirituales honran la santidad de esos dos momentos liminares del día, cuando nos hallamos en el umbral donde se tocan ambos mundos. Es hora de rezar. Pienso en el místico cristiano Meister Eckhart, que escribió que bastaría con que la única oración que pronunciases en toda tu vida fuese «gracias». Así pues, gracias mientras permanezco sentada en la luz cambiante de esa tarde. No porque sea buena idea, sino porque sale espontáneamente de mi corazón. Un corazón así de salvaje y libre no puede ser obligado ni detenido. Es una gracia, un acto espontáneo de generosidad de y hacia la vida.

Las *baruchas* judías, oraciones formulistas de gratitud, parten de mi corazón hacia mi lengua mientras permanezco tranquilamente sentada en lo profundo del crepúsculo. Mis labios se mueven siguiendo la antigua danza de alabanza que mis antepasados recitaron en el corto pero intenso crepúsculo del desierto: «Bendito seas, Creador del universo, que con Tu palabra creas el anochecer, que con Tu sabiduría abres las puertas».

Cuando la oscuridad se torna más densa enciendo velas, contenta de poder permanecer en ese umbral donde ha florecido esta súbita gratitud, tan luminosa como un girasol. La acción de gracias ha descendido sobre mí como maná. Los pensamientos se detienen, sustituidos por la calma. Pero no desaparezco. Alguna parte profunda de mí misma contempla el mundo de una manera nueva. No hay autocrítica ni deseos de que algo fuese diferente. Todo resplandece. He llegado a mí misma.

Ese anochecer soy agraciada con un estado mental raro en mí, pero que reconozco instantáneamente como Existencia. Me hallo en mi naturaleza búdica y es un auténtico banquete. No pierdo el tiempo ni malbarato la experiencia deseando que este estado mental se prolongue. Sé que no lo hará, así que disfruto del festín mientras dura. He escrito tan a menudo acerca de *hacer* frente a *Ser*... Finalmente Soy. Soy un ser humano.

Al cabo de una hora, más o menos, se levanta la luna llena, proyectando su luz plateada sobre el regazo de la nieve recién caída. Lleno un cuenco de arroz y sal que una amiga china budista me ha enseñado a repartir por las cuatro esquinas de la habitación cada luna llena. Alimento a los espíritus. Alimento mi alma. Purifico mi casa y disfruto de estar purificada.

Más tarde, cuando retorno a mi estado mental más habitual, reflexiono acerca de la experiencia de Ser, de Existir. Pienso en las enseñanzas del padre Thomas Keating, uno de los pioneros del movimiento de la oración contemplativa centrada en la Iglesia católica. Espero que mi explicación haga justicia a la sabiduría de sus enseñanzas. Dice que meditamos con la esperanza de tener una experiencia como la que acabo de describir. Al convertirnos en un recipiente de pura conciencia y dejar atrás el ego, nos hacemos uno con el Divino Bienamado. Más que tener una experiencia de esta gracia, lo que esperamos es que la práctica de la meditación nos ayude a entrar en un estado permanente de profunda paz interior y unión con Dios.

Pero, por lo general, la meditación es difícil y paradójica. La intención de la forma de oración contemplativa que enseña Keating es concentrarse en una palabra sagrada. No es que la palabra en sí sea sagrada, dice el padre Keating en su obra clásica *Open Mind, Open Heart: The Contemplative Dimension of the Gospel.* La palabra o palabras que elegimos –nuestro mantra, si así lo prefieres– es una declaración de nuestra disposición a soltar los pensamientos y a mantener nuestro corazón abierto a Dios. Si alguna vez has meditado, sabrás lo difícil que es mantener una profunda intención. Tal vez permanezcas concentrada entre quince y treinta segundos, y luego tu mente vuelve a distraerse y echar a correr. Tienes cosas que hacer, miedos y preocupaciones que repasar. Un sonido externo te recuerda que necesitas ordenar el patio, y de ese modo la lista de tareas pendientes acaba invadiendo tu meditación. Te percatas de que te tiran los pantalones y todos tus pensamientos acerca de gorduras desfilan ante ti sin descanso. Pero Keating dice que nada de todo eso tiene importancia. Que lo que hay que hacer es devolver tu mente a la palabra sagrada, a la palabra de oración, con tanta suavidad como se deposita una pluma sobre un pedazo de algodón. Los frutos de la meditación pueden o no experimentarse durante el tiempo que permaneces sentada practicándola. Es posible que algún día, dice el padre Keating, cuando te halles recorriendo los pasillos de un supermercado, escribiendo un informe, jugando con tus hijos o sentada a solas en el crepúsculo, tu práctica dé fruto. Eso es lo que yo sentí el anochecer en que un corazón agradecido tomó posesión de mí por sorpresa. Igual que en el árbol de Judas, cuyas flores primaverales aparecen sobre ramas desnudas, también la energía invisible de una práctica prolongada da fruto de manera súbita.

Mi práctica de meditación ha sido algo intermitente a lo largo de los años. A veces es intensa y en otras está a punto de desaparecer. He descubierto que es lo mismo que les sucede a muchas personas. Pero la intención que hace que regrese a la práctica una y otra vez, por difícil que ésta sea, es la atención plena. Quiero despertar del trance de la vida cotidiana y hallarme presente en el Ahora. Desde mi experiencia con la Luz en la muerte de mi madre, también deseo hallar mi camino de regreso al estado de Unión Divina. Tanto si eres espiritual como religiosa, cristiana o judía, budista o musulmana, hay una práctica de meditación para ti (hallarás una descripción de una docena de prácticas distintas en mi sitio web: **www.joanborysenko.com**. También he grabado muchas de esas meditaciones para ayudarte a establecer una práctica. Esas cintas y CD también pueden adquirirse a través de mi sitio web).

La paz es posible. Ésa es la intención tras cualquier forma de práctica meditativa, sea cual fuere el sistema de creencias que la informa, o el linaje en el que se apoya. Tanto si la práctica es laica –emprendida para conseguir que baje tu presión sanguínea y aliviarte el estrés–, de atención plena –que tenga por objeto devolverte a la verdadera naturaleza de la mente– o religiosa –cuya meta sea la Unión Divina–, el resultado es una sensación de paz que puedes llevar contigo a tu ajetreado mundo. La meditación es como un ancla que evita que las tormentas de tu vida te aparten del rumbo señalado. El esfuerzo vale la pena, aunque consideres que todo lo que estás haciendo sea repasar tus ansiedades.

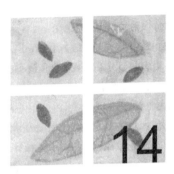

14

Transiciones: soltar y seguir las señales

En uno de los retiros para mujeres que organicé hubo un grupo de seis mujeres mayores, entre la mitad de la sesentena y los ochenta y tres años. Alrededor de ellas nos sentábamos cincuenta más. Esas mujeres compartían su sabiduría con nosotras, en una rara oportunidad de escuchar a nuestras mayores. La anciana de ochenta y tres años nos dijo: «He escuchado decir a muchas de vosotras que estáis pasando una época de transición, como si fuese algo inusual. Pues bien, no lo es. Cuando tengáis mis años os daréis cuenta de que siempre estáis en transición. Nada es siempre lo mismo. Todo cambia. Y como cambia, hay muchas veces en las que desconocéis qué sucederá. Carecéis de todo control. No planeasteis la transición y no sabéis adónde os conduce. Cuando eso sucede lo que hay que hacer es concentrarse en lo que necesitáis soltar. Sé que suena a que hay que retroceder. Se supone que debemos sentar objetivos e ir tras ellos, pero sólo podemos abrirnos a lo nuevo cuando estamos dispuestas a soltar lo viejo».

Hay una historia preciosa sobre un profesor de universidad que acude a un monje budista zen en busca de instrucción. El monje le sirve té y cuando la taza se llena, continúa vertiendo té hasta que éste se derrama sobre la mesa. Cuando el profesor, sorprendido, le pregunta por qué hizo eso, el monje replica que la taza es como la mente del profesor. No puede verter nada en su interior porque la taza ya está llena. Si el profesor quiere aprender, primero debe vaciarse a sí mismo.

Hay una infinidad de maneras de vaciar y soltar lo viejo. Algunas son directas y otras metafóricas. Pero incluso cuando vaciarse es metafórico, limpia la energía que se ha quedado atascada, abriendo nuevos canales de pensamiento y acción. En la época de transición en la que intentaba separarme de mi marido, me abrí al cambio limpiando el espacio que me rodeaba. Había vivido en mi ecléctica casa de montaña durante varios años y de repente me vi asaltada por la urgente necesidad de renovar el espacio. Desarrollé una adicción por el canal de televisión Casa y Jardín, que veía siempre que tenía oportunidad. Las infinitas posibilidades con que contaba para crear mi nuevo espacio parecían de lo más energetizantes. Aunque todavía no podía soltar mi matrimonio, al menos podría soltar todos los trastos posibles y crear un nuevo ambiente en el que vivir.

Me encantó abrir todas las cajas y el armario, y deshacerme de su contenido. Hallar nuevos hogares para los muebles, la ropa y los trastos que antaño atesoré, pero que ahora me recordaban tiempos pasados ya lejanos, hizo que me sintiera como después de un corte de pelo renovador. Era increíble lo ligera que me sentía. Y cuanto más aligeraba, más energía obtenía. Me sentía galvanizada, encantada a cuenta del proceso de echar abajo paredes y destrozar las baldosas del suelo a base de martillazos. Incluso cuando la casa se convirtió en un horrible montón de escombros, hubo algo en lo más íntimo de mí misma que empezó a cantar. Mi casa es ahora cálida y acogedora, y está libre de cacharros. Es espaciosa y relajada. Mi psique atravesó un proceso paralelo al deshacerme de viejas actitudes e historias sobre mi vida que creaban sufrimiento.

Esa remodelación representó algo más que rehabilitar espacios externos: significó reformar el espacio de mi alma interior. Regresaba a mí misma, deshaciéndome de una piel que de repente se había rasgado. Soltar lo viejo puede resultar difícil, aunque una tenga fe en que la nueva piel se ha ido formando invisiblemente, justo por debajo de la superficie de tu vieja vida. Rehacer una casa es una gran metáfora para hacer referencia a ese proceso. Cuando ves tu casa hecha una ruina durante una renovación, al menos sabes que está naciendo algo más bello y funcional. El caos es un preludio necesario para la transformación.

En tu vida siempre habrá épocas de caos, transición y renacimiento. El crecimiento no es un proceso lineal. Avanza a base de tropiezos. De vez en cuando caes en un agujero y debes salir de él por ti misma. Hay partes de ti que se pierden en ese proceso y debes volver a encontrarlas. Ése es el drama de la vida, el material a partir del que se crece. Habérselas con el cambio y permanecer abierta al proceso es la manera de que la psique y el alma aumenten su sabiduría. Si atraviesas un proceso de transición en un trabajo o en una relación, o pasas por una crisis de salud, económica o emocional, el desmoronamiento de lo que fuiste crea el espacio para eso en lo que te estás convirtiendo.

Seguir las señales

Vale, vale, ya has despejado el espacio para lo nuevo tras deshacerte de lo viejo. Pero ¿cómo llegar a la siguiente parada de tu viaje y cómo la reconocerás cuando llegues? En primer lugar, necesitas paciencia. Y la paciencia es su propio método de soltar. Pero en esta cultura, cuando decimos paciencia, solemos querer decir impaciencia llevada al límite. Nos aferramos a mínimos para seguir con nuestras cosas, impacientes, tan impacientes de que se despliegue el siguiente capítulo de nuestra vida que no podemos morar en el espacio transitorio en el que nos hallamos. Ese espacio es como una pausa entre inspiración y espiración. Nos ofrece la oportunidad de detenernos y reflexionar, de centrarnos. Y si lo hacemos, nos resultará más fácil reconocer las señales que inevitablemente llegarán para guiarnos hacia donde nos estamos dirigiendo.

Cuando nos hallamos en transición es como una pequeña muerte. Ha muerto lo que éramos, pero todavía no hemos nacido a lo que seremos. Entramos en una especie de limbo que mi sabia amiga Janet Quinn denomina «el lugar que hay entre el ya no y el todavía no». A la mayoría ese lugar no nos gusta nada. Asusta, como si nos hubiéramos perdido. Y cuanto más intentemos hallar una salida, más difíciles se pondrán las cosas. Es como caer en arenas movedizas: cuanto más luchas, más te hundes. Si puedes relajarte y concentrarte para hallar tu centro, al cabo de un tiempo sentirás la emergencia de una nueva energía. Aparecerán nuevas señales que atraerán tu atención y empezarás a salir del espacio intermedio, hacia un nuevo futuro.

Cuando tu alma está lista para el siguiente tramo del viaje casi siempre aparecen señales en el camino. Pero cuando se está en transición, sobre todo cuando te sientes asustada o apegada a tu destino, puede que las ignores. En la película de Steve Martin *The Man with Two Brains* (1983) hay una escena en la que Martin se ha encaprichado de una mujer horrible llamada Dolores que, como no tardará en descubrir, hace presa en hombres que atormenta de maneras realmente indignas. Él se halla frente al retrato de su amada y fallecida esposa, y le pide que le dé una señal en caso de que haya algo malo en su amor por Dolores. La habitación se llena de truenos y relámpagos. El retrato de su esposa grita: «¡No, no, nooooo!» y empieza a girar, rompiendo todos los apliques de la pared, que estallan con un estruendo funesto. Martin se queda mirando el retrato torcido sobre la pared destrozada y repite tranquilamente su petición de que le ofrezca alguna señal si algo le parece mal. Acaba prometiendo solemnemente permanecer alerta en busca de señales, cualquier señal. Mientras tanto, le dice a su esposa fallecida, guardará su retrato en el armario.

Si no quieres saber que el camino que has emprendido para salir de tu transición es equivocado, no verás las señales. En lugar de continuar soltando y entregarte al misterio de la vida que se despliega ante ti, te quedarás atrapada en esa tesitura. Sé muy bien de qué estoy hablando: la impaciencia por querer volver a ordenar mi vida ha hecho que a menudo ignorase las señales durante períodos de transición, deseando más tarde no haberlo hecho. Pero también sé lo fácil que es pasarse de la raya e interpretarlo todo como si fuese una señal. Sólo has de saber que si tu alma está realmente intentando hablarte, no abandonará tras realizar un solo intento. Te llegarán repetidas señales que pueden animarte o desanimarte para seguir en una determinada dirección.

El psiquiatra suizo C. G. Jung escribió acerca de un tipo de señal que denominó «sincronicidad». Una sincronicidad es más que una coincidencia. Se trata de la extraña y sorprendente convergencia que tiene lugar cuando un tema de tu vida interior aparece en tu vida exterior. Por ejemplo, digamos que estás pensando en buscarte un empleo distinto, nuevo. Entras en el ascensor después de trabajar y la gente que tienes al lado habla acerca de una feria de promotores inmobiliarios a la que se dirigen. Sales a la calle y te fijas en el anuncio que ofrece un curso acelerado en cinco días para convertirse en agente inmobiliario. Llegas a casa y el casero llama a tu puerta, diciendo que los inquilinos del piso de arriba quieren trasladarse a otra ciudad. ¿No conocerías a nadie que quisiera alquilar o comprar ese piso? Cada una de esas pequeñas sincronicidades hace que se te ericen los pelos de la nuca, y empiezas a pensar en el negocio inmobiliario como tu siguiente paso profesional.

La orientación proveniente de tu mundo interior aparece todos los días de maneras sutiles: sueños, sincronicidades, corazonadas, el libro que cae de la estantería, un programa de televisión o incluso de la boca de los bebés. Yo obtengo mucha orientación de los sueños, pero cuando estoy demasiado ocupada y salto como un rayo de la cama por las mañanas, mis sueños suelen disiparse sin dejar rastro. Si hago el esfuerzo de permanecer tendida en la cama durante unos minutos, me ocurre que muchas veces puedo retomar el sueño. Dedicar unos minutos más a dar un título al sueño y a escribirlo en mi diario abre una ventana a la orientación interior. Tengo especial cuidado y pongo mucha atención a los sueños cuando me hallo en transición y necesito orientación.

A finales de la década de 1980 tuve un sueño acerca de un vial de nitroglicerina que había en el bolsillo superior de mi chaqueta. Por fortuna, me encontraba en un hospital y una enfermera vertió el explosivo cuidadosamente por el desagüe junto con mucha agua. Ambas sentimos un gran alivio, pues la posibilidad de provocar un desastre había sido abortada. Cuando desperté, recordé lúcidamente el sueño y pude sentir el calor en mi pecho, justo donde había guardado el vial de nitroglicerina.

Ese sueño me perturbó tanto que temí tener cáncer de mama. Al palparme no sentí ningún bulto, pero no obstante decidí consultar con un especialista que anteriormente me había practicado una biopsia en la otra mama. El examen dio un resultado negativo y el médico me despachó considerándome una neurótica asustada. Varios meses después, durante mi mamografía anual, el radiólogo se fijó en un cúmulo de calcificaciones que aparecía en la mama izquierda. Me dieron a elegir entre una biopsia y esperar a ver qué pasaba. Al recordar el sueño elegí la biopsia. Ésta reveló células precancerosas, a punto de convertirse en cancerosas. La nitroglicerina a punto de explotar que habíamos tirado por el desagüe en el hospital del sueño se parecía mucho a lo que sucedía en la vida despierta. Por fortuna, me fijé en la señal.

Conectar con tu guía interior es algo que sucede de manera orgánica cuando se tiene la intención de que así sea: la intención concentra la atención. Pero cuanto más ocupadas estamos, más fácil es flotar en la superficie de la vida y dejar de poner atención o ignorar las orientaciones del alma.

Así pues, más vale que te tomes algunos minutos para pensar en qué significa para ti sintonizar con tu guía interior. Anotar los sueños, las intuiciones y sincronicidades te ayudará a poner más atención a esa orientación interna. Si pasas a la acción siguiendo sus recomendaciones, las transiciones te acercarán más a tu centro, a una vida vivida de acuerdo con tu alma, en lugar de ir a parar a callejones sin salida o a territorios peligrosos.

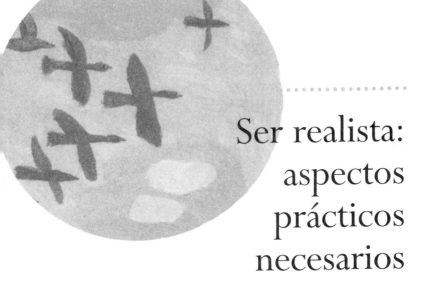

Ser realista:
aspectos
prácticos
necesarios

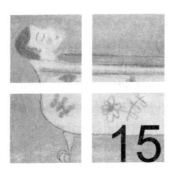

Insomne en América

En el verano del 2001 participé en un diálogo informal con Su Santidad el Dalai Lama en Trento, Italia. Uno de los participantes, un pastor protestante muy ocupado, hizo una pregunta muy sincera acerca de cómo podía ser más eficaz como líder espiritual. Su Santidad sonrió y le contestó: «Duerma más». Fueron muchas las cabezas que asintieron sabiamente, incluyendo la mía, menopáusica, y a veces también amenazada por el sueño.

Si no duermes lo suficiente resulta difícil ser amable, mantener claras tus prioridades y continuar adelante. No obstante, en una sociedad de veinticuatro horas siete días a la semana, en la que puedes obtener de todo, desde ropa interior hasta tiendas de campaña a través de la venta por catálogo, incluso en plena noche, quedarse desvelada se está convirtiendo en algo muy común. Se ha dicho que es el problema de salud más importante de este país. Según los expertos, dormimos un 20% menos que nuestros predecesores de hace tan sólo un siglo. No es de extrañar. Ellos no se sentían tentados de mirar su correo electrónico en mitad de la noche cuando se levantaban para beber agua o ir al aseo.

La gente atareada, dicen los investigadores, está dispuesta a trabajar más durmiendo menos. Yo misma lo he hecho cuando tenía plazos de entrega en el horizonte que se acercaban rápidamente, y lo cierto es que me las arreglaba bastante bien durante un par de días... Pero luego me daba de morros contra la pared. Demasiado cansada para poder pensar correctamente y sintiéndome irritable e infeliz, perdía mi centro y pasaba a convertirme en una integrante más de la deprimente estadística de los anales de privación de sueño y deterioro de la productividad. Tengo amigas que se jactan de lo poco que duermen. Les proporciona una especie de orgullo perverso: «¿Has visto lo ocupada que estoy? Eso es que soy importante». Puede que así sea. Pero yo sé que a consecuencia de ello, al sacrificar el sueño en el altar del dios del comercio, sufrirán tanto su trabajo como su familia. Y sus vidas también se acortarán. Quienes duermen menos de seis horas cada noche mueren antes que quienes duermen siete o más horas.

El coste de estar desvelada

Según un estudio de la National Sleep Foundation de Washington, el 40% de los estadounidenses están tan somnolientos durante el día que no pueden realizar bien su trabajo. Siempre me sorprende que al leer libros sobre equilibrio o eficacia, rara vez aparezca mencionado el hecho de dormir. Sin dormir lo suficiente, todos los consejos organizativos del mundo resultan prácticamente inútiles. Si no duermes lo bastante, te resultará muy difícil incluso programar tu agenda electrónica o poner el despertador a la hora correcta. Deshacerse de trastos inútiles o congelar platos para las cenas de la semana que viene son prioridades muy peregrinas cuando una se duerme sobre la sopa, como le ocurrió en una ocasión al presidente Bush padre durante una visita de Estado a Japón.

Un estudio publicado en el *Journal of Occupational Health and Environmental Medicine* británico informaba de que los efectos de la privación de sueño son similares a estar borracho. Dormir menos de seis horas afecta a la memoria, a la coordinación, al tiempo de reacción y al buen juicio. Los conductores que permanecen despiertos entre 17 y 19 horas conducen peor que otros cuyo nivel de alcohol en sangre era del 0,05%, que en la mayoría de los países europeos te califica como conductor borracho. En Estados Unidos, el 62% de los encuestados dijeron sentirse adormilados a veces mientras conducían, y el 27% admitió haberse dormido tras el volante en alguna ocasión durante el año en que se realizó la encuesta. No es pues de extrañar que sean 100 000 los accidentes de tráfico anuales que se atribuyen al cansancio.

La National Sleep Foundation estima que la falta de sueño cuesta 18 000 millones de dólares al año en pérdidas de productividad. Si a ello le añadimos el coste sanitario por empleado, y los accidentes y errores industriales, el coste es todavía mayor. Muchos accidentes laborales están relacionados con la fatiga. Los más conocidos son las fugas radioactivas en Chernobyl y en Three-Mile Island, el desastre del *Challenger* y el vertido del Exxon Valdez. Más de la mitad de todos los trabajadores examinados (51%) admitieron que adormilarse en el empleo rebaja la cantidad de trabajo que pueden realizar y su calidad. Me sorprendió que cuando se les pidió que calculasen cómo afectaba la falta de sueño a su trabajo, la respuesta común fuese que reducía su capacidad en un 30%.

Si todas esas estadísticas no bastan para lograr que conviertas dormir en una prioridad, considera este hecho: la falta de sueño te hace engordar, provoca intolerancia a la glucosa, aumenta el apetito y el mal metabolismo. Esos cambios también incrementan el riesgo de desarrollar diabetes de tipo II, o no insulinodependiente.

¿Cuánto conviene dormir?

¿Cuánto necesitas dormir? Los expertos afirman que lo suficiente como para que al día siguiente te sientas descansada. Thomas Edison, a pesar de que inventó la bombilla, dormía diez horas al día: seis horas por la noche y un par de ellas en dos períodos a lo largo de la jornada. Para sentirme descansada yo necesito unas siete horas de sueño, pero hasta el inicio de la menopausia precisaba ocho o nueve. Y la mayoría de las personas necesitan entre siete y nueve horas para funcionar de manera óptima. El problema radica en que hay mucha gente que cree que dormir no es prioritario, creyendo equivocadamente que basta con seis horas, o pensando que pueden recuperar la falta de sueño durante el fin de semana. Pero no, no podemos. Lo perdido está perdido, y los efectos de la privación de sueño son acumulativos.

No resulta extraño que las mujeres se quejen de somnolencia y cansancio más a menudo que los hombres. Ellas siguen realizando la gran mayoría de las labores domésticas y de cuidado de los hijos, aunque estén casadas y ambos cónyuges trabajen fuera de casa. Las mujeres con hijos menores de dieciocho años duermen menos que nadie. Cualquier madre sabe que su cerebro se halla equipado con una señal intuitiva que se dispara por la noche cuando sus hijos se agitan.

Alimentar y calmar a los bebés y hacer caso a niños más mayores que se despiertan por la noche –por no hablar de esperar el tardío regreso a casa de los adolescentes– puede disminuir gravemente un valioso tiempo de descanso. Por lo general, los adultos con hijos duermen 6,7 horas comparados con sus homólogos sin hijos, cuyo promedio es de 7,2 horas.

¿Cómo puedo llegar a dormir más?

Existen numerosas razones por las que la gente no duerme lo suficiente. Quitar de aquí para poner allá, con la esperanza de disponer de más horas durante el día, es una de las principales.  ¿Y qué decir de las ocasiones en las que te metes en la cama con intención de dormir y acabas repasando tus ansiedades en lugar de contar corderos? Alrededor del 10% de los estadounidenses padece insomnio crónico, y otro 50% sufre trastornos del sueño intermitentes. Además de los problemas médicos, que deben identificarse en primer lugar, las causas más comunes del insomnio son la depresión y el estrés. Las clínicas de sueño brotan en ciudades por todo el país, y un importante estudio mostró que un programa de ocho semanas destinado a enseñar a dormir resultaba más eficaz a la hora de curar el insomnio que los somníferos.

¿Y qué enseñan en esas clínicas de sueño? Aunque el programa varía, los componentes principales suelen ser la reducción del estrés y la capacidad de relajarse. Saber cómo regresar a tu centro te permite soltar los pensamientos obsesivos, reducir la tensión muscular y entrar en el momento presente para que el sueño llegue de manera natural. El sentido común también puede ayudarte a dormir. Eliminar estimulantes como la cafeína y la nicotina es una estrategia obvia, pero mirar la televisión e incluso leer también pueden actuar como estimulantes. Si utilizas la cama como una oficina, olvídate de ello. Trabajar, comer y cualquier otra actividad aparte de dormir y tener relaciones sexuales en la cama puede llegar a crear una pauta crónica de insomnio. Y las cabezadas, aunque resultan revitalizadoras, deben limitarse a treinta minutos más o menos. Los ruidos y luces (incluso de un reloj), los animales de compañía, los niños que saltan sobre ti o una habitación demasiado cálida son claras fuentes de problemas.

Cuando dirigí una clínica de alteraciones relativas al estrés, solía aconsejar a los pacientes que se acostasen, que rezasen sus oraciones (si formaba parte de su práctica) y que a continuación realizasen un ejercicio de relajación muscular progresiva, empezando con los músculos de la cabeza y continuando hasta llegar a los pies. Si al final de la relajación seguían despiertos, era momento de meditar. No obstante, los expertos están de acuerdo en que si no puedes dormir en veinte minutos, lo mejor es levantarse y hacer algo relajante, como tomar un baño caliente, o beber un vaso de leche caliente o una infusión. Algunas personas se duermen con facilidad, pero luego se despiertan en mitad de la noche o a primera hora de la mañana. La relajación y la meditación son prácticas estupendas para esos momentos.

¿Desgaste profesional?

Tu jefe acaba de encargarte que mejores el servicio de atención al cliente. Hace apenas un año te habría parecido fascinante y todo un desafío, incluso divertido. Pero ahora te parece entre un trabajo aburrido y un castigo. Tienes ya tantas cosas que hacer... y el teléfono no deja de sonar. Esta tarde tu hijo disputa el partido final de la liga y para él sería muy importante que pudieras ir. Pero tienes que contestar a quince llamadas telefónicas, la mayoría de ellas de clientes irritados. Los muy idiotas. Solías ser estupenda por teléfono. A los clientes les gustabas y daban opiniones buenísimas de ti. Ahora te los merendarías de una sentada. Te sorprende haberte convertido en una bruja de ese calibre. ¿Qué le pasó a tu inocencia, a tu idealismo, a tu sincero deseo de ser diferente?

Es hora de comer, y un par de amigas quieren ir a un bonito restaurante italiano que hay en la misma calle. Pero a ti no te apetece, así que te comes un bocadillo de la máquina expendedora en tu escritorio mientras lees una revista y miras el espacio vacío. Tu energía está baja y te duele el estómago. Últimamente has estado bastante enferma y has empezado a preocuparte, a pensar que tienes un cáncer en algún sitio. De hecho, todo te preocupa. La empresa está despidiendo personal y tú podrías ser la siguiente. Los niños no van bien en el colegio y te sientes culpable de no estar lo suficientemente presente para orientarlos. Cierras la puerta de tu oficina, apoyas la cabeza en el escritorio y te echas a llorar. ¿Qué sentido tiene todo esto?

Las situaciones laborales en las que hay que lidiar con las necesidades de las personas pero en las que se espera que mantengas el tipo, en las que las demandas son constantes y en las que te sientes aislada en lugar de formando parte de un equipo, son el escenario ideal para quemarse. Si la cultura empresarial en la que trabajas es exigente, cualquier deseo de frenar y aportar equilibrio a tu vida va a ser considerado como una señal de debilidad. Existe una página de Internet muy inteligente, del MIT, con una lista de doce puntos para evitar el desgaste profesional y recuperarse.[1] El estudiante que la confeccionó apunta sabias estrategias para lograr el equilibrio, como hacer caso a la sabiduría de tu cuerpo, evitar el aislamiento, abandonar circunstancias ofensivas, aprender a decir no, acabar con pautas de sobreesfuerzo, aprender a delegar, aclarar y ser fiel a las prioridades en la vida, ocuparse del cuerpo, soltar las preocupaciones, marcar tu propia pauta y conservar el sentido del humor.

Pero subyaciendo a todas las recomendaciones tenemos una especie de chanza, denominada la «opinión MIT». Éstos son dos ejemplos: «DEJA DE NEGAR. Haz caso a la sabiduría de tu cuerpo. Empieza a admitir el estrés y las presiones que se han manifestado física, mental o emocionalmente. *Opinión MIT*: trabaja hasta que el dolor físico te obligue a quedar inconsciente», o: «APRENDE A DECIR NO. Ayudarás a disminuir la intensidad hablando por ti mismo. Eso significa rechazar demandas adicionales sobre tu tiempo o emociones. *Opinión MIT*: nunca digas no a nada. Demuestra debilidad y disminuye el volumen de investigación. Nunca dejes para mañana lo que puedas hacer a medianoche».

Síntomas de desgaste profesional

En los últimos años, los profesionales de la salud han ido dedicando cada vez más atención al desgaste profesional o al síndrome de estar quemado. Este último término se utilizó en principio para hacer referencia a una falta de idealismo y a los sentimientos de desaliento que a veces afligen a los profesionales de los servicios sociales. Esas personas entran en sus profesiones con un deseo auténtico de mejorar el mundo, pero se desgastan frente a las realidades de burocracias disfuncionales, clientes demasiado exigentes o no dispuestos a cambiar y frente a la falta de reconocimiento por sus esfuerzos. Esos altruistas quemados o desgastados, que estuvieron motivados por la esperanza de realizar un trabajo con sentido, se tornan cínicos, apáticos y parecen agotados. Pierden su sentido del humor, se sienten paralizados frente a la posibilidad de llevar a cabo cambios importantes, y se aíslan y distancian de compañeros y clientes.

La mayoría de las mujeres, tanto si trabajamos en profesiones de asistencia social como si no, encajamos en esa descripción gracias a nuestro sexo. Una vida dedicada a ocuparse de todo el mundo, que a menudo hace que ignoremos nuestras propias necesidades, puede conducirnos al desgaste sin que importe mucho cómo nos ganemos la vida. El desgaste es doloroso porque, en realidad, es una pérdida de inocencia. Sentir que se te cierra el corazón es una fuente de pesar increíble. Algunas personas lidian con ese dolor insensibilizándose o encolerizándose. Otras se anestesian con alcohol o drogas.

Las personas quemadas padecen el triple de enfermedades que las que se sienten más equilibradas. Dolores de cabeza, de espalda, trastornos digestivos, infecciones y problemas inmunitarios son los más frecuentes. Cuando el desgaste apaga tu llama interior, la vida se torna penosa. Realizas mecánicamente lo que antes era un placer. ¿Recuerdas el mito griego de Sísifo? Fue castigado por los dioses a hacer rodar una enorme peña montaña arriba todos los días, para con la llegada de la noche dejarla caer montaña abajo. Así es como se siente el desgaste.

¿Qué provoca el desgaste?

Uno de los factores más importantes que conduce al desgaste es la sobrecarga: hacer más de lo que uno puede. Para experimentarlo no es necesario que seas una profesional de la salud trabajando bajo el yugo de una mutua. Cualquier mujer que intenta equilibrar trabajo y familia, pretendiendo hacer en veinticuatro horas más de lo que es humanamente posible, es candidata a ello. Cuando encima le añadimos el estrés que viene aparejado, resulta evidente que no queda ningún margen para lidiar con ello. Ya has llegado a tu límite físico y emocional. Entonces es cuando el desgaste se abre un hueco. Y ésa es la razón de lo importante que es contar con tiempo libre.

Luego, cuando aparece una emergencia, o los despidos que tienen lugar en tu empresa aumentan tus responsabilidades laborales, puedes contar con un poco de espacio.

El psicólogo William Cone cita la falta de reconocimiento profesional como otro factor del desgaste laboral. Dice: «A algunas empresas les parece que basta con pagar a la gente por sus esfuerzos. No obstante, los estudios demuestran que el dinero nunca ha sido la principal motivación en el trabajo. Uno de mis pacientes me dijo en una ocasión: "Si sólo me hubiese importado el dinero, sería asesino a sueldo. El sueldo es estupendo, el horario fantástico y si mis clientes mueren, me siento fenomenal"».[2] En nuestras vidas personales sentimos la misma necesidad de aprecio y reconocimiento. Preparar la cena para la familia y que tal esfuerzo pase desapercibido es como un castigo. La aparición de la hermana malvada te hace saber que el desgaste empieza a asomar la nariz.

Recuperarse del desgaste

Las empresas que prestan atención al desgaste profesional hacen una buena inversión, pues éste tiende a afectar a sus empleados más dedicados y productivos. Si eres flexible y te mantienes relajada, y te vas de la oficina a las 5:00 de la tarde, lo más probable es que el desgaste profesional pase de largo. Pero si te llevas el trabajo a casa o trabajas hasta tarde e intentas lidiar con el estés esforzándote más, acabarás sintiendo desaliento y agotamiento. Las empresas que invierten en la salud de los empleados y en programas recreativos, y que hacen que los empleados se sientan implicados y con control sobre sus empleos, pueden crear culturas que alienten el bienestar, el equilibrio, la creatividad y la productividad.

Si sientes ese tipo de desgaste es probable que necesites ayuda profesional para recuperarte. Sin ella, la tendencia es descansar un poco y luego adoptar de nuevo los mismos patrones de conducta. El desgaste profesional es una bandera roja. Te está diciendo que debes reducir tus compromisos para obtener equilibrio. Puede que tu primera respuesta sea: «Ya lo sé, pero no puede ser». Pues bien, siempre hay una manera.

Si eres una ama de casa quisquillosa, deberías relajar un poco tus exigencias. Nadie se ha muerto nunca por no hacer la cama o dejar los platos del desayuno en el fregadero. Puede que delegar responsabilidades no sea tu estilo, pero es un buen momento para intentarlo tanto en el trabajo como en casa. Si preparas la cena cinco noches a la semana, pasa a hacerlo sólo una vez o ninguna. Puedes asignar esa tarea a otros miembros de la familia o pedir comida para llevar que sea saludable. Si te encontrases gravemente enferma no tendrías ningún problema para delegar. Si te sientes desgastada o quemada, *considérate* gravemente enferma. Después de todo, si continúas por ese camino, así es como acabarás.

Si dispones de recursos económicos, contrata ayuda para las tareas del hogar. Yo he encontrado una mujer estupenda que me ayuda a limpiar, organizar y hacer recados, y que encima es fisioterapeuta. Es mucho más importante para mi salud y bienestar apuntarme a unas vacaciones caras o salir a cenar, que comprar ropa nueva. Cuando el bienestar es una prioridad, resulta más fácil hallar los recursos económicos que lo facilitan eliminando otros gastos. Lo bueno del desgaste es que los seres humanos son resistentes. Una vez que llegas al fondo es posible recuperarte y descubrir una forma de vivir más saludable y agradable. La manera de conseguirlo es convertir el equilibrio en tu prioridad.

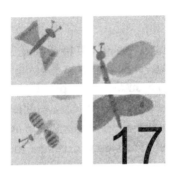

¿De verdad necesitas ese lagarto?
Lograr libertad económica

Una tarde vi al doctor Phil McGraw en televisión. Entrevistaba a dos familias jóvenes muy ocupadas que atravesaban graves dificultades económicas. Al igual que otros muchos estadounidenses, también vivían el sueño consumista de la «buena vida», gestionando una montaña de deudas que estaba a punto de caerles encima. La pareja estaba encadenada a la rueda de trabajar-y-gastar, careciendo de reservas en efectivo suficientes como para no poder pasar un solo mes sin cobrar un sueldo. Y tampoco sus nóminas bastaban para cubrir su deuda cada vez más grande y hacer que pudieran vivir de la manera que la televisión, las películas y las revistas afirmaban que era el derecho de todo estadounidense.

Mientras el doctor Phil entrevistaba a esos jóvenes, resultaba bien patente su ansiedad. Se veían desastrados, agotados y ansiosos, con el espectro de la bancarrota cada vez más cerca.

Una de las familias tenía dos hijos, una casa grande, dos coches último modelo, tres perros, un gato o dos (me parece) y un lagarto. El equipo de investigación del doctor Phil informó de que mantener una mascota costaba un promedio de 500 dólares al año, lo cual hacía que esa joven pareja tuviera que pagar 2.000 $ en ese concepto. El lagarto posiblemente salía más barato, pero también costaba lo suyo. El señor Lagarto se alimentaba de gusanos de la harina, que había que comprarle frescos cada semana en una tienda de mascotas, otro recado que debía hacer la ocupada familia. Además, los gusanos de la harina también necesitan un lugar en el que estar mientras aguardan su destino como parte de la cadena alimentaria. Cuando encima tienes que alimentar a la comida de tu mascota es hora de que pienses en ¡SIMPLIFICAR!

Cuando el doctor Phil preguntó a la madre si su familia estaba dispuesta a prescindir del lagarto, halló una gran resistencia. ¿Cómo iban a poder hacerlo? Su hijo le tenía mucho cariño. Pero el doctor Phil no se sintió en absoluto conmovido. Sugirió que podían contarles la verdad a sus hijos. Habían administrado muy mal el dinero del que disponían y debían reorganizar sus vidas. Todos deberían hacer sacrificios para ajustarse a un estilo de vida más razonable. Insistió en dejar clara la cuestión de que aprender esta lección sería un regalo mucho más importante para su hijo que seguir con el lagarto. Tuve que apagar la televisión antes de que el doctor Phil se interesase en los perros, la elegante mansión, los coches nuevos y caros, y el resto de los caprichos: imagino que estaban destinados a seguir el mismo camino que el lagarto.

El juego de la deuda

El origen más importante de conflictos en las relaciones heterosexuales es económico. No sé si sucede lo mismo en las parejas del mismo sexo, pero sí que sé que aunque estés soltera, administrarse bien el dinero sigue siendo un asunto de lo más peliagudo para la mayoría de las personas. Según las estadísticas, el estadounidense medio gasta un 10% más de lo que gana mensualmente, y el 70% de nosotros vive de nómina en nómina. La principal razón de ello es que desde finales de la década de 1960, cuando aparecieron las primeras tarjetas de crédito, la deuda ha sido comercializada de una manera muy agresiva. La campaña ha tenido tanto éxito que la mayoría de los estadounidenses, sobre todo los adultos jóvenes, aceptan la deuda como una parte natural de la vida. Las decisiones acerca de las compras solían estar basadas en si una podía permitirse el lujo. Ahora están basadas en si puedes permitirte los plazos. El resultado es que existe un número cada vez mayor de familias como aquellas a las que aconsejaba el doctor Phil. Son esclavas de pagos que no hacen sino aumentar. Los «artículos» que poseen pertenecen a las empresas de las tarjetas de crédito y a los bancos. Sus vidas han dejado de ser suyas.

La deuda de los consumidores está alcanzando niveles astronómicos. Aumentó un impresionante 25% entre los años 1999 y 2001. Con más de 30 000 programas de tarjetas de crédito sólo en Estados Unidos, todos dispuestos a venderte deuda, no es sorprendente que el hogar medio deba 8562 dólares, casi el triple que la cantidad adeudada en 1990. Si pagas esa cantidad en plazos mínimos de 3000 dólares, tardarás 431 meses, o casi 36 años, en devolverla. Los intereses te costarán 7511,74 dólares más.[1]

Hacer las paces con el dinero:
tres pasos sencillos

1.er paso: el primer paso para lograr la paz mental económica es eliminar toda deuda, aparte de la hipoteca, en caso de tener una. Existen muchos recursos que pueden ayudarte a conseguirlo, pero la cuestión fundamental es que eliminar las deudas se parece mucho a perder peso. Se trata de un implacable equilibrio entre entradas y salidas. O ganas más dinero para devolver tus deudas o tienes que gastar menos. Eso puede implicar pequeños ajustes, como despedirte del lagarto, acudir a una peluquería menos cara, salir menos a comer y cenar fuera o ponerte ropa vieja en lugar de comprar nueva. También puede significar grandes cambios, como vender una casa que está por encima de tus posibilidades. Los prestamistas hipotecarios están en el negocio de la deuda, así que suele ser relativamente fácil obtener un préstamo que no se corresponda con lo que realmente puedas permitirte pagar.

2.º paso: una vez que hayas eliminado tus deudas, el siguiente paso es abrir una cuenta de ahorro. Los expertos sugieren que deberías amasar una reserva en efectivo equivalente a entre tres y seis meses de salario, como cojín frente a la pérdida de empleo o enfermedad. El problema radica en que la mayoría de los estadounidenses son malos ahorradores. Nuestra renta per cápita anual es alta, pero la tasa de ahorro es inferior al 4%, la más baja desde que el gobierno empezó a realizar estadísticas sobre nuestros hábitos ahorrativos en 1959. Cuando tienes dinero en el banco como un seguro contra cualquier desastre, es mucho más fácil mantener la paz mental. La clave para ahorrar dinero es pagarte a ti primero. Decide cuánto quieres poner de lado y convierte eso en la principal opción de tu presupuesto. Y si careces de un presupuesto, entonces necesitarás uno. Si esperas hasta finales de semana o de mes –dependiendo de con qué frecuencia te paguen– para ahorrar lo que quede, esta cantidad probablemente será muy escasa o nula.

3.er paso: el siguiente paso es crear un programa de inversiones con el que tu dinero pueda aumentar. Me habría gustado que de pequeña me hubiesen enseñado algo acerca de la magia de la capitalización. Éste es un ejemplo que tal vez ya conozcas: Sally coloca 1000 dólares al año *durante ocho años* en su plan de pensiones, empezando cuando tenía veintidós años y acabando a los treinta. Jennifer ingresa 1000 dólares al año durante treinta y cinco años en su plan de pensiones, empezando cuando tiene treinta y finalizando a los sesenta y cinco. Imaginando una tasa anual de interés del 12%, a los sesenta y cinco Sally habrá acumulado más dinero (388 865 dólares) que Jennifer (329 039 dólares), aunque Jennifer haya invertido 35 000 dólares y Sally sólo 8000. La diferencia estriba en el número de años de capitalización del dinero.

Vivir mejor con menos

Estoy muy pez a la hora de comprender cuestiones económicas. Eso significa que me parezco más a Jennifer que a Sally. También significa que aunque me gano bien la vida, podría acabar ofreciendo talleres en geriátricos si pretendo mantener mi actual estilo de vida hasta llegar a la vejez. La alternativa es cambiar mi estilo de vida, un plan que estoy empezando a llevar a cabo.

Una de las oradoras presentes en un congreso estival al que acudí era Vicki Robin, coautora, junto con el fallecido Joe Domínguez, de *Your Money or Your Life: Transforming Your Relationship with Money and Achieving Financial Independence.* Vicki es una de las fundadoras del movimiento por la simplicidad. Mantiene su libertad económica –un estado en el que ya no tiene que trabajar para mantenerse a sí misma– con los 9000 dólares anuales que obtiene de inversiones realizadas anteriormente. Además, se las arregla para continuar ahorrando dinero, ya que puede vivir bastante bien con únicamente entre 7000 y 8000 dólares al año. Los intereses de su libro, éxito de ventas, son donados a grupos sin ánimo de lucro que trabajan por un mundo sostenible.

En *Your Money or Your Life (La bolsa o la vida)* aparece descrita la manera en que Vicki se las arregla para vivir con unos ingresos tan pequeños. Sus ideas no se basan en sufrimientos ni privaciones, sino que en realidad lo que hace es demostrarte cómo vivir mejor gastando menos. El principio rector de la obra de Vicki es que el dinero es una forma de energía vital. Viene a preguntarte qué harías si alguien te pone una pistola en el pecho y dice: «La bolsa o la vida». La respuesta más fácil es que le daríamos el dinero porque nuestras vidas son más valiosas. Pero lo cierto es que no siempre actuamos así.

Si trabajas ochenta horas semanales, estás siempre agotada y tirada, y dispones de poco tiempo para disfrutar de la familia, por no hablar de lo que has comprado con tu dinero, ¿qué dirías que te importa más realmente? Has cambiado tu vida por dinero. Muchos de nosotros, dice Vicki, no nos ganamos la vida en absoluto. Lo único que hacemos es *morir*, matarnos a nosotros mismos para comprar cosas que no mejoran nuestras vidas ni añaden valor al mundo. Y mientras lo hacemos, también liquidamos el mundo, dañando un medio ambiente que ya está tocado.

Vicki apareció en un chat en vivo de ABC News en Internet en diciembre del 2000,[2] donde habló de temas económicos y de la relación que guardan con la época de fiestas. Dijo que esa época del año se convierte en una auténtica pesadilla económica para mucha gente. La alegría de dar está atemperada tanto por la locura de comprar y envolver regalos como por las deudas que esa actividad genera. Esto último es un regalo que no dejamos de hacer... a las empresas de tarjetas de crédito, claro está. Vicki mencionó que ella llama por teléfono a sus seres queridos durante las fiestas, en lugar de comprar regalos. Mi familia también se ha desembarazado del tiovivo de regalos. Realizamos contribuciones benéficas en nombre mutuo. Es estupendo saber que una familia en un país pobre será autosuficiente económicamente ese año porque les hemos proporcionado una vaca a través de la Heifer Foundation, por ejemplo. Eso significa más para mi familia que recibir otra baratija u otro pañuelo.

Simplificar tu vida significa hacerte más responsable en términos financieros, para acabar alcanzando la libertad económica. Durante ese proceso surgirán importantes preguntas:

¿qué es lo que verdaderamente me importa? ¿Cuáles son mis valores? ¿Qué haré con mi tiempo si no tengo que trabajar tanto para comprar un coche nuevo o mantener al lagarto a base de gusanos de la harina?

18

Trabajar en un mundo de hombres: ¿qué pasaría si todas nos fuésemos?

«¿Qué pasaría si todas nos fuésemos?» Es un tema de conversación típico que tiene lugar en las salas de estar, junto a los dispensadores de agua, tras puertas cerradas, en libros y en los paneles de las conferencias. El «¿qué pasaría?» no es una cuestión de cómo sobrevivirían las mujeres individuales si de repente abandonasen sus empleos en las empresas. Muchas de esas desertoras conforman la espina dorsal del sector que más crece de la economía estadounidense: pequeñas empresas en manos de mujeres. El «¿qué pasaría?» hace referencia a lo que ocurriría en el planeta si las empresas continúan con sus actividades como de costumbre, sin incorporar las dimensiones femeninas de compasión, cooperación, colaboración y liderazgo con expectativas de futuro tan necesarias para transformar nuestro mundo perturbado y dejar un legado vivo para las futuras generaciones.

Gail Evans, vicepresidenta ejecutiva de Domestic Networks en el grupo de comunicación CNN, señala la cuestión de que los datos que aparecen en *Fortune 500* modelan nuestras vidas, y hasta cierto punto el destino del mundo. Cuando las mujeres se hartan de tratar de acabar con las barreras de ascenso empresarial debidas al sexismo, o de soportar otras indignidades en entornos también empresariales, para buscar pastos más verdes, Evans cree que estamos comprometiendo el futuro. Es necesario que nos alcemos –permaneciendo– hasta alcanzar puestos de poder, para que la voz femenina pueda ser escuchada.

Como planeta, nos hallamos al borde del desastre ecológico. Como especie, contamos con el aterrador poder de autodestruirnos por completo. Por otra parte, también disponemos de medios adecuados para distribuir alimentos y atención sanitaria entre los pobres del mundo, ayudándolos a ser autosuficientes. Podemos aprender lecciones importantes de las culturas indígenas y tender puentes a través de los que pueda intercambiarse información y recursos entre las culturas, dando paso así a colaboraciones nuevas y creativas. Para que ese futuro pueda manifestarse, es decir, si realmente nos interesa la paz global en un mundo basado en cooperación, comprensión, respeto y amabilidad, es crucial que las mujeres desarrollemos una voz vibrante y respetada en el interior de las estructuras del poder político y económico. A fin de conseguirlo, dice Evans en su éxito de ventas *Play Like a Man, Win Like a Woman: What Men Know about Success That Women Need to Learn*, las mujeres han de llegar a entender las reglas del «juego» al que juegan los hombres, y luego crear oportunidades de cambio desde el interior del sistema, a partir de una posición de respeto y fuerza.

Jugar según las reglas de los hombres

Jugar siguiendo las reglas de los hombres es difícil para la mayoría de las mujeres. Las que lo hacen suelen verse denigradas por ser demasiado masculinas, agresivas o egoístas. En una ocasión me entrevistó una periodista, en mis tiempos en Harvard, que me preguntó: «La gente la considera agresiva. ¿Es cierto?». Su pregunta era una acusación, una afrenta. Ser un arribista agresivo es una cualidad admirada en los hombres pero despreciada en las mujeres. No sólo no era agresiva, sino que afirmarme ya me costaba lo mío. Pero lo cierto es que era muy resuelta y dedicada en todo lo que hacía. Las mujeres que triunfan en entornos predominantemente masculinos, y que hacen bien su trabajo, se arriesgan a ser objeto de reacciones dañinas y a menudo ultrajantes por parte de los hombres, y de la desaprobación sutil de otras mujeres. Yo fui afortunada respecto a esto último. El apoyo decidido que recibí en esos difíciles años académicos fue la comprensión y los ánimos de unas pocas amigas íntimas. De ellas aprendí el valor de la amistad, algo que cultivé tardíamente, pues era una especie de solitaria en un mundo de hombres.

Cuando empecé a estudiar Medicina académica, un mentor me explicó una regla básica: «Hagas lo que hagas, no demuestres ninguna vulnerabilidad –me aconsejó–. Si les enseñas el vientre, los tiburones te devorarán». Para una mujer acostumbrada a crear consenso a través de la conciliación y de compartir, y habituada a revelar emociones como una manera de relacionarse, esta regla resultaba difícil de seguir. Si ocultaba mis miedos y preocupaciones, y me limitaba a avanzar a todo trapo, me arriesgaba a que tanto hombres como mujeres me considerasen agresiva. Jugar siguiendo las reglas masculinas puede acabar aislando a una mujer y hacerla sentirse extraña, como un travestido embutido en un terno.

Cuando acabé abandonando la Medicina académica a principios de la cuarentena, el esfuerzo que conllevó intentar ocultar mi vientre y jugar siguiendo las reglas me había destrozado, a pesar de hallar refugio en la amistad femenina. Notaba que era el momento de dejarlo o morir. Las mujeres solemos hablar en esos términos tan dramáticos. Cuando afirmamos que un trabajo nos está matando, solemos decirlo de manera bastante literal, queremos decir que nos sentimos muy debilitadas, y que intuimos que se está cociendo una enfermedad. Lo dejé porque seguir viva resultó ser más importante que hacer mi trabajo. En los quince años transcurridos desde que dejé el mundo académico, no me he sentido culpable de esa decisión ni una sola vez. Pasé el testigo a varias mujeres estupendas a las que orienté. Puede que no haya acabado de disputar esa prueba, pero siento que fui una corredora importante en esa carrera de relevos, que hice bien lo que me correspondía hacer y que luego pasé al siguiente capítulo de mi vida profesional. Me siento feliz de poder seguir viva para contarlo.

¿Qué agota a las mujeres?

Las mujeres se quejan de que para que las tomen en serio en el sector empresarial, deben hacer su trabajo mejor que la mayoría de los hombres y a menudo a cambio de un salario inferior. Corre por ahí un viejo chiste sobre un hombre que se somete a una operación de cambio de sexo. Un amigo le pregunta si resultó dolorosa la intervención en la que eliminaron sus partes íntimas. «Bueno, verás –contestó–. La parte más dolorosa de la operación fue cuando me seccionaron el sueldo por la mitad.» El chiste no es tan exagerado como pudiera parecer. Incluso cuando realizamos las mismas tareas que los hombres, solemos tener sueldos inferiores. Los salarios de las mujeres que trabajan a jornada completa representan únicamente el 68,4% de lo que cobran ellos.

Y aunque nadie pone en duda que un hombre pueda combinar una familia con su carrera, la familia es un azote contra las mujeres que ocupan puestos ejecutivos de gran responsabilidad. Sólo están casadas el 46% de las mujeres que ocupan puestos ejecutivos importantes, y el 52% nunca ha tenido hijos. Por otra parte, casi el 95% de los hombres en cargos parecidos están casados, comparados con el 82% de la población general. El matrimonio y una intensa vida familiar se consideran importantes para el cargo de un hombre, pero un obstáculo para las féminas.

La barrera invisible que impide ascender a las mujeres es una realidad. Aunque éstas constituyen la mitad de la población activa, lo cierto es que cuentan con bastante menos de la mitad del poder en los procesos de toma de decisiones. De las quinientas empresas que componen el índice *Fortune*, sólo cuatro cuentan con directoras generales. Ésta es una estadística que pone ese hecho en perspectiva: en 1968, el 15% de los gerentes estadounidenses eran mujeres. Dando por sentado que hacen falta entre 15 y 25 años para que un gerente o director se convierta en un ejecutivo de alta dirección, hoy en día las mujeres deberían ser al menos el 15% de los que ocupan los puestos de dirección. Al ritmo actual, harán falta 475 años –o hasta el año 2483– para que alcancemos la paridad en los consejos de administración y los despachos directivos.

¿Por qué existe esa desigualdad entre los sexos? En una encuesta *Wall Street Journal*/Gallup realizada a mujeres directivas a las que se preguntó cuál era el peor obstáculo de su carrera profesional, sólo el 3% contestó que las responsabilidades familiares. Entre las razones que asomaban se identificaron las relativas a su sexo, incluyendo chovinismo masculino, malas actitudes hacia las jefas, escasos ascensos para las mujeres, y el hecho simple y evidente de que eran mujeres. Es lo mismo que se ha descubierto en otros importantes estudios. Las mujeres tienen la sensación de que no las toman en serio. Se suele utilizar el acoso sexual y los comportamientos humillantes para ponerlas «en su sitio». Por ello, tiene una importancia crítica saber cómo lidiar con esos temas si es que vamos a seguir estando presentes en sistemas predominantemente masculinos el tiempo suficiente para ser agentes de cambio.

Elegir tus combates

Recuerdo un incidente en el que me sentí muy humillado en la época álgida de mi carrera académica. Provocó un par de preguntas muy importantes: ¿valía la pena arriesgar mi carrera para preservar mi dignidad en esa situación? ¿Cuándo ganar una batalla significa perder la guerra? Por experiencia sé que algunas lectoras se sentirán ofendidas por esa metáfora militar, pero si quieres llegar a triunfar en un mundo de hombres para así poder cambiar el sistema desde dentro, será mejor que te acostumbres a ese tipo de frases. Tampoco te iría mal empollar algo de deportes mientras estás en ello.

Ahí estaba yo, con los ojos nublados y agotada frente al director del Departamento de Medicina del Hospital Universitario de Harvard en el que trabajé a mediados de la década de 1980. En mis manos tenía la preciada solicitud de una subvención por la que me había matado durante semanas, olvidándome de dormir y de otros lujos, como tiempo con mi familia, comidas decentes y hacer ejercicio. Había funcionado como una mujer-máquina fabulosamente engrasada, logrando que encajasen todos los detalles que implica la solicitud de una subvención: crear un programa de investigación viable, analizar y presentar datos que te apoyen, reunir cartas de apoyo de colaboradores, y calcular el presupuesto y el tiempo para las diversas etapas del proyecto. El último obstáculo antes de enviar esa obra magna a los National Institutes of Health era la formalidad de conseguir la firma del director. No era la única en ese empeño: los benditos pasillos estaban repletos de otros posibles beneficiarios embarcados en la misma y alocada misión de última hora.

Tenía al director plantado enfrente, con los brazos en jarras, con una mirada de menosprecio y un inconfundible aura de desdén. Mi capacidad se desvaneció bajo la fulminante mirada de su poder absoluto. Me sentí como un gusano que acabase de salir arrastrándose de su agujero para ser estudiado por un pájaro hambriento, que se pensaba con qué parte de mí empezaría a desayunar. En lugar de dirigirse a mí como doctora Borysenko, me llamó «ssseñorita Borysenko», arrastrando la «s» de un modo calculado para sacarme de quicio: «Ssseñorita Borysenko, ¿ha esperado hasta el último minuto para conseguir mi firma?».

A pesar de tener un nudo en la garganta, conseguí tragarme ese insulto a mi estatus profesional. Había trabajado cuatro años y medio para conseguir mi doctorado en Harvard, para luego pasar otros cinco años y medio completando tres cursos de posdoctorado en esta augusta institución. Había dado clase a estudiantes, ocupado un puesto en comités, dirigido una clínica pionera de cuerpo-mente, publicado ensayos en revistas profesionales y obtenido subvenciones. Me había ganado con mucho esfuerzo el título de doctora Borysenko. Al arrebatármelo, el director intentaba ponerme en mi sitio. Pelearme con él en ese momento no me hubiera llevado a ninguna parte y tal vez habría puesto en peligro el importante trabajo clínico y de investigación al que ya había dedicado tanto tiempo y esfuerzo. Sonreí, me disculpé por mi tardanza, conseguí la firma y seguí con lo mío.

El incidente me provocó una ansiedad que no conseguí quitarme de encima durante años. Caminaba por la cuerda floja entre vender mi dignidad y perder mi carrera. Era una situación en la que tenía todas las de perder. ¿Había tomado la decisión correcta o debería haberme enfrentado al director? Años después suspiré de alivio y reconocimiento cuando leí fragmentos de una entrevista con la doctora Bernadine Healy, recién nombrada directora de los National Institutes of Health, en 1991. También habló sobre la necesidad de elegir con cuidado las batallas que quieres librar, sobre tener que hacerlo mejor que los hombres para poder llegar hasta donde había llegado, y sobre ignorar el sexismo y morderse la lengua, mientras se dirigía bien resuelta hacia su objetivo. Y su objetivo era muy interesante: lanzó la Iniciativa de Salud Femenina para asegurarse de que, a largo plazo, las mujeres estarían incluidas en la investigación médica. Hizo falta una mujer, que perseveró a pesar de estar inmersa en una atmósfera difícil, a fin de corregir las cosas y proporcionar una sólida base para que se llevase a cabo la adecuada investigación biomédica femenina.

Las culturas empresariales más fuertes se manifiestan cuando existe un verdadero equilibrio entre hombres y mujeres. Por lo que sabemos a través de la historia escrita, ese equilibrio siempre se ha inclinado, casi exclusivamente, del lado de los hombres en el mundo del trabajo y la política. Pero bajo el fragor del poder y del expansionismo puede escucharse el sonido de otro latido. Se trata del auge femenino, que no busca sustituir un sistema de dominio masculino, sino enriquecerlo con las cualidades de la intuición, la cooperación, el trabajo en equipo, la compasión y el sueño de un futuro en el que todas las personas gocen de dignidad, respeto y los medios para vivir en paz. Por eso es por lo que trabajamos. Ayudémonos en este periplo. Y realicemos el trabajo que es necesario hacer para poder mantener nuestros centros, para así no quemarnos en el proceso.

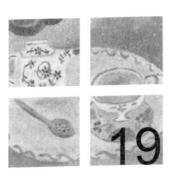

La generación bocadillo:
cuidarnos mientras cuidamos

La mediana edad, señaló en una ocasión una persona inteligente, es cuando deja de crecerte deprisa el vello de las piernas, dejándote mucho tiempo para que te ocupes de tu nuevo bigote. Pero aparte de las bromas, la mediana edad es una época de aumento de la responsabilidad para muchas mujeres, emparedadas entre las necesidades de sus hijos y las de sus padres ancianos.

Pero para sentirse así de estrujada no es necesario ser una cuarentona. Mis padres tenían alrededor de cuarenta años cuando nací, y papá murió cuando yo estaba a finales de la veintena. Su muerte dejó a mi pobre madre deprimida y sola, necesitada de ayuda y consuelo. Mi carrera como investigadora oncológica y profesora auxiliar en un hospital universitario iba viento en popa, y Justin y Andrei eran todavía pequeños, con seis y dos años. Emparedada entre las necesidades de unos hijos pequeños y de una madre mayor (por no hablar del trabajo y el matrimonio), me convertí en el equivalente humano de un menú-degustación: todo el mundo quería un trozo.

Mis amigos Rachel y Toby, una pareja al final de la cuarentena, creían que ya estaban listos. Sus dos hijos se habían ido finalmente de casa, y tenían pensado revitalizar su matrimonio y tomarse un año para viajar. Entonces murió el padre de Rachel, y su madre, Sara, sufrió un ataque al corazón. Como era hija única, la responsabilidad de ocuparse de su madre recayó sobre las espaldas de Rachel. La «abuela Sara» se mudó a su casa; aparcaron los planes sobre viajar. Un año más tarde, la hija de Rachel y Toby se divorció, y ella y sus dos hijitos se fueron a vivir a casa de los papás. Su nido vacío estaba de repente repleto, con cuatro generaciones conviviendo bajo el mismo techo.

Las mujeres que cuidan

Las mujeres son las cuidadoras del mundo. En términos estadísticos, las hijas, madres, abuelas y esposas proporcionan en Estados Unidos las cuatro quintas partes de los cuidados que se prodigan sin retribución. Al igual que Rachel, muchas mujeres –tanto hijas como nueras– se ocupan de padres ancianos y algunas madres también cuidan a hijos incapacitados. Muchas esposas también deben encargarse de esposos enfermos, una de las principales razones que dan las mujeres para no volver a casarse cuando enviudan. Y cada vez es mayor el número de abuelas que se ocupan de los nietos, sobre todo en situaciones de pobreza. De hecho, en Estados Unidos hay casi dos millones de niños que viven con sus abuelos.

Aunque cuidar de otros es una tarea altruista y que a menudo se hace por amor y compasión, sigue siendo un empeño monumental y agotador que puede estresar a mujeres ya muy atareadas, empujándolas más allá de sus límites. Alrededor de la mitad de todas las que se ocupan de alguien también trabajan fuera de casa. Otras se ven obligadas a dejar sus empleos o a trabajar media jornada porque los cuidados que dan ya conforman un trabajo a jornada completa. Un estudio realizado en 1994 reveló que unos veintiséis millones de personas, sobre todo mujeres, proporcionan cuidados a miembros enfermos o incapacitados de sus familias. Me sorprendió que una de cada cuatro mujeres se convierta en cuidadora de alguien entre los treinta y cinco y cuarenta y cuatro años, aumentando hasta un 36% entre las de cincuenta y cinco y sesenta y cuatro. Diversos estudios muestran que las cuidadoras suelen estar ansiosas y deprimidas, agotadas y quemadas. Sus sistemas inmunitarios se debilitan y tienden a enfermar. Quienes se ocupan de seres queridos con alzhéimer corren especialmente ese riesgo. No sólo por el esfuerzo que deben realizar, sino también porque los cambios de humor de quienes padecen alzhéimer pueden resultar intimidatorios, peligrosos, desquiciantes y desgarradores.

Si para criar a un niño hace falta un pueblo, tampoco sobraría ese pueblo en otras formas de cuidados. En un viaje realizado a la India en la década de 1980, pasé unas cuantas semanas en una aldea, donde bajo un enorme árbol vivía una mujer esquizofrénica, que hablaba consigo misma continua y agitadamente. Cada pocas horas la visitaba un aldeano o aldeana distintos, le llevaban comida y se ocupaban de todas sus necesidades. Pero la mayoría de nosotras ya no vivimos en familias grandes o en comunidades con lazos estrechos, donde ese tipo de atención es normal. Tampoco vivimos bajo el acogedor cobijo de un gran árbol, ni en el cálido abrazo mutuo. Quienes lo *hacen* disfrutan de importantes beneficios en lo relativo a salud y paz mental.

El refugio de la comunidad

El apoyo social de una comunidad, que se ocupa de nosotras incluso cuando cuidamos de alguien, nos sostiene emocional y físicamente.
Ésa es una de las razones por las que elegí vivir en un pueblecito montañés. En una ocasión en que nevó un par de veces en una semana, seguido de dos días de vientos huracanados que convirtieron la nieve en una especie de bloques de cemento, mi coche se quedó atascado en el camino de entrada a casa, sin que hubiera manera de salir de allí, y sin poder encontrar a nadie a mano con un pico. Llamé a la tiendita del pueblo donde venden de todo para ver qué podía hacer y al cabo de nada todo el pueblo estaba enterado de mi situación. Una hora después me llamaron cuatro personas. Una se ofreció a sacarme de allí si conseguía arrancar su todoterreno. Una segunda me ofreció un coche. Una tercera dijo que despejaría mi camino de entrada cuando cesase el viento y pudiera trabajar a la intemperie lo suficiente como para conseguir que funcionase su cargador frontal. Una cuarta (Luzie, mi maravillosa ayudante) se ofreció a venir con su esposo, Bob, para ayudarme a quitar la nieve a paladas.

Bob y Luzie vinieron al día siguiente, cuando el viento amainó, y juntos nos las arreglamos para despejar el camino lo bastante para poder sacar el coche. El hombre del cargador frontal también llegó poco después y acabó la tarea. Gracias a Dios vivía en una pequeña comunidad donde los vecinos todavía se cuidan entre sí.

Hay estudios sanitarios que demuestran que la gente que vive en comunidades pequeñas disfruta de mejor salud física y mental. Los vínculos sociales crean una red de seguridad para los individuos, sean cuales fueren las circunstancias, a la vez que proporcionan un respiro a los cuidadores que necesitan un paréntesis respecto de sus aplastantes responsabilidades. De jóvenes, la comunidad parece menos importante que cuando nos vamos haciendo mayores. Y en esos años en los que estamos ocupadas con nuestra carrera profesional –y tal vez también con los hijos–, formar parte de una comunidad puede parecer una prioridad tan distante que quizás ni siquiera la percibamos.

¿Cómo es tu vida? ¿Formas parte de una comunidad que te apoya o no? ¿Qué puedes hacer para crear una comunidad, o para integrarte en alguno de los numerosos tipos de comunidad que probablemente están presentes ahí donde vives?

Planear un futuro que nadie quiere vivir

Si quieres lograr paz mental, es crucial contar con una visión realista acerca de las posibilidades –incluso de las impensables o desagradables– de la vida. Por ejemplo, cuando solía hablar de hacerme mayor con mis hijos, ellos contestaban negando: «No te preocupes mamá, seguirás esquiando y escalando incluso cuando tengas ochenta años». Ya me gustaría que fuese así, pero ¿quién sabe lo que ocurrirá? No soy el oráculo de Delfos, ni ellos tampoco. Un amigo mío muy sano, y en una forma más que óptima, cinco años más joven que yo, desarrolló una debilitadora enfermedad que le dejó incapacitado y que de repente transformó a su esposa, una ejecutiva terriblemente ocupada, en su cuidadora. Cuando menciono esa posibilidad a mis hijos, se les llenan sus dulces ojos de lágrimas y prometen de inmediato: «No te preocupes, mamá, tú nos cuidas ahora y nosotros te cuidaremos a ti. Puedes ir a vivir con cualquiera de nosotros. Nos *gustaría* que vivieses con nosotros. Te queremos».

Yo solía expresar los mismos sentimientos a mi propia madre, que respondía con un horror indisimulado y su típica agudeza: «Que Dios no lo permita; qué cosa más horrible. Qué pesadilla. Acabaríamos matándonos. Tú necesitas tu espacio y yo el mío. ¡Que me muera si alguna vez me mudo a vivir contigo!». Por fortuna, ella contaba con los recursos económicos suficientes como para organizar su asistencia sanitaria en casa (tres turnos al final), cuando la necesitó.

Aunque adoro a mis chicos, entiendo perfectamente lo que quería decir mi madre. Sabía que la carga de tener que ocuparme de ella acabaría pesándome y que el esfuerzo sería demasiado. También sabía que la cuidaría, aunque eso acabase conmigo. Mi madre quería ahorrarme esa difícil situación. Y quería ahorrarse a sí misma el peso de crearla.

Si están sanos, los padres ancianos que van a vivir contigo pueden convertirse en una bendición. El apoyo y el amor mutuos pueden añadir una bella dimensión a la vida, que a veces no se halla presente. Los abuelos y los nietos suelen tener una relación especial. ¿Por qué? Según el chiste, porque tienen un enemigo común. Pero una situación encantadora y de apoyo mutuo puede convertirse en insostenible si alguna de las partes —ellos o incluso tú— queda incapacitada.

Tanto si eres padre, madre, hijo o hija, vale la pena que pienses en el futuro y lo planees de manera preventiva. Los seguros de incapacidad han resultado ser un regalo divino para dos de mis amigos. Uno era médico de urgencias hasta que perdió la sensibilidad en parte de una de las manos tras un accidente de tráfico. La otra era periodista de investigación hasta que un lumbago crónico y agudo le impidió viajar.

Ocuparse de los ancianos es un tema más complejo que un seguro de incapacidad. Requiere de una cuidadosa investigación, de respuestas honestas a preguntas que pueden parecer abstractas cuando todo va bien y de buena comunicación entre los miembros de la familia. Si tus padres están vivos, ¿dónde vivirán cuando se hagan más mayores, o si son demasiado débiles o frágiles para vivir por sí mismos? ¿Has pensado en lo que sería tenerlos viviendo contigo? ¿Se aburrirán, les molestarán tus hijos pequeños, se sentirán aislados o constreñidos? ¿Qué impacto producirán en tu vida ya de por sí agitada y ocupada? ¿Os llevaréis bien o tal vez os haréis la vida imposible? Y si resulta que eres padre o madre, ¿has pensado bien en todas esas cosas y las has hablado con tus hijos? Cuando me informé acerca de contratar un seguro de cuidados a largo plazo para mí misma, bromeé con los chicos que era el mejor regalo que podía hacerles para su paz mental. Y lo dije en serio.

Como antigua *hippie* que soy podría haberme reído ante la idea de contratar un seguro de cuidados a largo plazo o de incapacidad, pero ir haciéndome mayor me ha cambiado las ideas. Toda la meditación del mundo y todos los esfuerzos que pueda emplear en cuidar de mí misma nunca podrán detener el paso del tiempo ni garantizarme buena salud para siempre. Uno de mis ídolos de toda la vida, el escritor y maestro espiritual Ram Dass, está en una silla de ruedas a consecuencia de un grave ataque al corazón. Su práctica de meditación ha sido una gran ayuda para que pudiera mantenerse tranquilo. Es una inspiración increíble, tal vez mucho más ahora que en ninguna otra época. Pero no obstante, está inválido y requiere muchos cuidados.

Como las personas cada vez viven más, también seremos más los que necesitaremos atención de mayores. Aunque una no puede tener en cuenta todas las eventualidades, sí que es cierto que un poco de planificación podría cambiarte la vida o la de un ser querido. La página web **www.caregiver.org** está llena de estupendos consejos, de sugerencias para permanecer en buena forma en caso de que el estrés de la prestación de cuidados forme parte de tu vida, así como de una lista de recursos excelentes. También existen otros muchos y buenos recursos en Internet, y en muchas comunidades, donde asimismo hallarás asesores y consultores sobre la materia. Que tú y los tuyos seáis bendecidos con buena salud, larga vida y sentido para planear por adelantado. Tal y como se asegura que dijo Alá: «Confía en Dios, pero ata tu camello».

Matrimonios de él y de ella: ¿qué preocupa a las mujeres?

Cuando me toca viajar hablo con muchas mujeres de manera bastante íntima. Me recogen en los aeropuertos y me llevan a mi hotel. Me pasean arriba y abajo, y hablan conmigo, comemos juntas y vuelven a llevarme al aeropuerto. El tema del amor y el matrimonio suele aparecer en las conversaciones. Siempre que conozco a una mujer felizmente casada siento interés por descubrir qué es lo que hace que su matrimonio funcione. Pero muy a menudo, cuando aumenta la intimidad y nos soltamos el pelo, me entero de que muchos matrimonios duraderos no funcionan tan bien como parece.

Como soy una divorciada que ha mantenido un matrimonio muy largo y dos más cortos, mantengo los oídos bien atentos. Me preocupa qué podemos hacer para que las uniones sean fuertes, no sólo por los esposos, sino especialmente por los hijos. Se trata de cuestiones prácticas, de cuestiones de ese corazón que tantas de nosotras queremos comprender mejor. Pero si lo que deseamos es reforzar matrimonios, debemos llegar a comprender qué es lo que los socava, sobre todo en el contexto de las vidas tan ocupadas que llevamos, sobre todo cuando en la pareja trabajan los dos, están estresados y necesitan tiempo para sí mismos.

En un extraño giro del destino, hoy que estoy aquí sentada frente al ordenador pensando qué es lo que hace que un matrimonio triunfe o fracase, resulta que es el día de san Valentín. El doctor John Gottman, investigador marital, jefe del «Laboratorio del amor» (donde se lleva a cabo una estupenda investigación sobre parejas) de la Universidad de Washington, dice que las estadísticas de divorcios son terribles. Normalmente se nos dice que el 50% de los matrimonios acabarán en divorcio; de hecho, Gottman afirma que al cabo de cuarenta años, el 67% de los primeros matrimonios acabarán así. La mitad de esos divorcios sucederán en los siete primeros años.[1] Esas cifras ya de por sí horribles son un 10% peores en caso de segundos casamientos.

Cuando los matrimonios fracasan

Cuando todavía era una cría, el divorcio era algo inusual. En parte porque la mayoría de las mujeres carecía de los recursos económicos para dejar malos matrimonios. Incluso en la actualidad, la principal razón por la que las mujeres afirman seguir manteniendo relaciones difíciles son las preocupaciones económicas. El hecho de que dos tercios de todos los divorcios sean iniciados por mujeres refleja el factor de que para ellas es más fácil mantenerse económicamente ahora que en ningún momento del pasado. No obstante, el nivel de vida de cualquier mujer desciende un 73% tras el divorcio, mientras que el de los hombres aumenta un 42%.

El que fue mi marido durante casi veinticinco años y yo nos divorciamos cuando nuestro hijo más joven, Andrei, tenía veintiún años y estaba en la universidad. Asumí equivocadamente que la edad de Andrei y su relativa independencia suavizarían el golpe. Intenté que se sintiese seguro hablándole acerca de lo bien que se habían ajustado sus primos tras el divorcio de sus padres, que tuvo lugar cuando eran pequeños.

—No te enteras –contestó Andrei–. Para ellos fue más fácil porque eran demasiado pequeños para comprender qué significa realmente un divorcio. Es una tragedia para todos, mamá. Yo acabo de perder a mi familia –lloró–. Nada volverá a ser nunca igual.

Al cabo de unos meses, también él había perdido el rumbo y dejó la universidad durante dos años tempestuosos antes de recuperarse lo suficiente como para recomponer los pedazos de su vida rota y acabar los cursos.

El divorcio es difícil para los hijos, sea cual fuere su edad. Aunque muchos chicos son resistentes y capean bien la tormenta del divorcio, lo cierto es que se enfrentan a un callejón sin salida. Los hijos de divorciados tienden (dos o tres veces más) a padecer problemas psicológicos, dificultad en relacionarse con sus padres y problemas escolares. La delincuencia, el suicidio y la maternidad adolescente también aumentan en los hijos de parejas divorciadas.

La cuestión que más me intriga y preocupa, dada la congoja que el divorcio provoca, es por qué hay tantas mujeres que quieren dejar sus matrimonios. Aparte de las cuestiones de malos tratos, adicción e infidelidad, ellas hablan sobre todo de una pérdida gradual de amor. Natalie Low, psicóloga clínica e instructora de Harvard, cita la dificultad de equilibrar la agotadora realidad laboral y ser padres sin el apoyo de la familia en el sentido amplio de la palabra y de las comunidades. Se nos da la impresión de que podemos tenerlo todo: matrimonios perfectos, carreras profesionales e hijos inteligentes y bien adaptados. Pero la realidad puede ser muy distinta. Son muchas las parejas que dicen que ser padres representa un importante elemento de estrés en su matrimonio. Y la investigadora Judith Wallerstein afirmó en una ocasión que el matrimonio sin hijos no es más que un ligue.

La ilusión del idilio de película desaparece rápidamente, y a menos que las parejas estén preparadas para hacer frente a las inevitables dificultades que surgen en el camino de toda relación, su proximidad no durará. Un estudio realizado por Ted Huston, profesor de Ecología humana y Psicología en la Universidad de Texas, en Austin, descubrió que las parejas más enamoradas en el momento de su matrimonio también son las que antes tienden a divorciarse. El gozo es una expectativa tan difícil de mantener a largo plazo que la desilusión acaba apoderándose de la relación. Las parejas cariñosas y afectuosas –buenos amigos– cuentan con las mejores opciones de permanecer felizmente casadas y realizar bien la transición entre idilio y asociación.

Pareja y trabajo de esposa

Pero ¿cuál es la realidad de la pareja en el matrimonio? Susan Maushart, autora del rabioso, a menudo sarcástico, pero bien documentado libro *Wifework: What Marriage Really Means for Women*, cree que existe una gran diferencia entre el matrimonio «de ella» y el «de él». Según Maushart, el matrimonio no es el problema, sino ser esposa. Escribe: «Las mujeres casadas son incansable, abrumadora y escandalosamente responsables del cuidado físico y emocional de los maridos y la descendencia. Tanto si trabajan a tiempo parcial como a jornada completa; tanto si sus compañeros profesan ideales igualitarios en público como en privado o en sueños; incluso si los esposos lo aprecian, reconocen o se dan cuenta, o si lo hacen las propias mujeres».[2]

Me reí cuando Maushart trataba el tema de la diferencia marital, que tan cierto me parece. Este escenario puede que no sea estándar en todos los matrimonios, pero ciertamente fue un patrón muy claro del mío. En mi caso, mi ex marido decía: «Si me dices qué es lo que hay que hacer, estaré encantado de hacerlo». Esa oferta parecía pender de un hilo, del hilo del sentimiento no manifestado de «cuando a mí me convenga». Además, la oferta de ayuda de mi ex marido hacía referencia a la principal diferencia entre *mi* matrimonio y *su* matrimonio. Sobre mis espaldas recaía la abrumadora responsabilidad de dirigir el espectáculo, mientras que él era un voluntario[3] que necesitaba que le tratasen con guantes de seda para que tal vez se decidiese a ayudar. A fin de cuentas, los mimos y la insistencia necesarios que había que prodigar para conseguir que mi ex marido arrimase el hombro resultaban más engorrosos que acabar haciendo el trabajo yo sola.

Si preguntas a algunas mujeres que han caído en esta pauta que te cuenten su relación, sucede algo extraño. Idealizan a su esposo, insistiendo en que tienen una relación igualitaria. De hecho, su matrimonio está firmemente anclado en una división tradicional de las tareas del hogar basada en el sexo. Pero simplemente aborrecen admitirlo, confundidas e infelices, pues esperaban una vida matrimonial bastante distinta de la de sus madres. Si sus maridos preparan la cena una o dos veces a la semana, no dejan de alabarle. Escribe Susan Maushart: «Una mujer que se considera "afortunada" porque su marido la "ayuda" puede por lo general justificarlo haciendo referencia a alguna amiga o conocida desgraciada cuyo marido "no hace nada". Es como estar encantada de tener hemorroides porque es mucho mejor que un tumor cerebral».[4] Los sociólogos incluso han acuñado una palabra para esa *folie à deux* (un término que hace referencia a dos personas que comparten la misma fantasía ilusoria) en la que marido y esposa imaginan que son iguales. La llaman *pseudomutualidad.*

El sociólogo australiano Anthony McMahon descubrió que el marido medio da más trabajo del que soluciona. Los hombres casados, por ejemplo, realizan menos tareas domésticas que los solteros. Si no hay esposa de por medio que haga el trabajo, deben acabar haciéndolo ellos mismos. Pero la presencia de una compañera cambia radicalmente la cuestión. El matrimonio ofrece más disfrute a los hombres que cualquier otra parte del ciclo de su vida adulta, excepto la jubilación.

Las investigaciones llevadas a cabo indican que las esposas trabajadoras llevan a cabo el 70% de las labores domésticas impagadas y proporcionan cinco veces la cantidad de cuidados infantiles que prodigan los esposos. Son cifras promedio. Hay hombres que comparten igualitariamente el trabajo, y varios estudios los sitúan entre el 2% y el 12% del total. Un estudio australiano sobre matrimonios en los que ambos son asalariados con hijos menores de diez años halló que los hombres disponen de dieciséis horas libres más por semana que sus esposas. Cuando los hijos eran mayores, el diferencial caía hasta sólo siete horas. No obstante, sigue siendo mucho tiempo. Cuando se es una madre muy ocupada, incluso media hora puede dar la impresión de ser un viaje por el cielo.

Otro estudio, llevado a cabo en Estados Unidos, descubrió que las esposas trabajadoras realizan tres horas de labores domésticas cada día, comparadas con los diecisiete minutos de sus esposos. Esto tiene un impacto sobre la salud además de sobre el tiempo libre. Cuando estás ocupada y acelerada, tu cuerpo segrega las hormonas llamadas *catecolaminas*: adrenalina, noradrenalina y dopamina. Al final de la jornada laboral (y para muchas de nosotras, de un agotador viaje de regreso a casa), el nivel de esas hormonas es muy elevado. A los hombres que vuelven a casa, a sus cómodos nidos, los niveles les descienden rápidamente. Pero en las mujeres, que regresan a casa para encontrarse con un segundo trabajo, siguen a niveles altos. La investigadora sanitaria Shelley Taylor cree que esta diferencia de hormonas del estrés es una de las razones por las que el matrimonio protege la salud de los hombres pero no de las mujeres. De hecho, el matrimonio es lo mejor que un hombre puede hacer por su salud.

Intimidad y apoyo emocional

Cuantos más papeles desempeña una persona, de menos tiempo libre disfruta. Como las madres trabajadoras y casadas adoptan tantos papeles, no es sorprendente que apenas dispongan de tiempo libre. Sin embargo, la principal queja de las mujeres casadas no hace referencia al trabajo de la casa, sino a la falta de apoyo emocional e intimidad en el matrimonio. Cuando la esposa media le habla a su marido acerca de lo que le molesta, en busca de simpatía y cariño, lo más probable es que le lean la cartilla. Los hombres quieren compartir su sabiduría y sus estrategias de resolución de problemas.

La tendencia de un marido a minimizar los problemas de su compañera, o de dar consejos sobre cómo solucionarlos, la deja igual de mal, si no peor. Ese tipo de interacción puede hacer que las mujeres se sientan criticadas y despreciadas, en lugar de consoladas y apoyadas. Una vez más, sus hormonas

del estrés siguen en niveles elevados. Debe o calmarse por sí misma u obtener apoyo y consuelo de otra amiga.

Las mujeres son las dispensadoras de cuidados en casi todos los matrimonios. Tienden a ser cariñosas, compasivas, tranquilizadoras, reconfortantes, afectuosas y comprensivas cuando un esposo tiene problemas. También es probable que ajustemos nuestras preferencias sexuales a las de nuestro compañero, y que renunciemos a nuestro propio descanso y ocio para proteger a un marido que trabaja demasiado o se siente muy abrumado. No obstante, la mayoría de los hombres no son capaces de tener un comportamiento recíproco. Las mujeres casadas dicen que la mayor parte de su apoyo emocional proviene de amigas. De hecho, un estudio sobre los niveles de contento entre mujeres descubrió que las tres fuentes de felicidad principales eran las amigas, la salud y el apoyo de la familia. Los hombres sitúan el matrimonio en primer lugar.

¿Puede funcionar el matrimonio?

En cualquier librería hallarás estanterías repletas de libros que anuncian todos los sistemas imaginables para mejorar el estado de tu relación. Curar las heridas del pasado, comprender la mecánica del amor, utilizar capacidades de escucha activa, aprender a apreciarse mutuamente, disfrutar de una sexualidad mejor, disputar de manera justa y cultivar la inteligencia emocional son, desde luego, importantes. Pero ninguna de esas cosas bastará si le pierdes el respeto a tu pareja y empiezas a actuar con desdén, crítica y disgusto cuando no cumple con su parte.

Los estudios de Gottman revelan que el disgusto y el desdén son los mejores indicadores del divorcio. De hecho, observando durante cinco minutos a una pareja discutir sobre sus diferencias, Gottman puede predecir la posibilidad de divorcio con un 91% de precisión, basándose en parte en la presencia del desdén. Si queremos reforzar los matrimonios, es necesario entrar a fondo en la falta de igualdad en la esfera mundanal de vaciar el lavavajillas, fregar los aseos, preparar las comidas, asistir a reuniones de planificación familiar, comprar regalos, reabastecer los armarios y hacer la colada. Una asociación entre iguales crea respeto y el desdén carece de terreno en el que echar raíces.

Un día me llamó una amiga, de cincuenta y tantos años, preguntándose por qué había tardado tanto tiempo en comprender su decepción acerca de la manera en que estaba dividido el trabajo en su matrimonio. Se sentía agotada y vacía tras llevar una vida en la que sobre todo ofrecía unos cuidados que pasaban desapercibidos. Había trabajado, había mantenido una familia mixta de cuatro hijos y se había ocupado de un marido que a sus amigas les parecía el señor Perfecto. Pero el desgaste implícito en todos los equilibrios y esfuerzos para que todo funcionase la había conducido hasta el límite de su aguante.

—Escribe un capítulo sobre eso en tu libro –me sugirió–. Explica a las mujeres que las cosas no cambiarán hasta que caigan en la cuenta de cómo es la vida y negocien una manera mejor de vivir, y hasta que inventen una manera distinta de comportarse en el matrimonio que puedan asimilar sus hijas e hijos. De otro modo lo único que conseguiremos será repetir los mismos modelos, actuar como nuestras madres disfrazadas, pero insistiendo en que somos diferentes. Es increíble que nos hayamos hecho esto a nosotras mismas. Si las mujeres queremos disponer de algo de energía para poder cambiar el mundo, debemos empezar cambiando nuestros matrimonios y modelando parejas igualitarias para nuestros hijos.

Las parejas igualitarias son necesarias para obtener equilibrio, y para el amor. Ése es el tema de la historia que viene a continuación.

Ser
realista:
el quid
de la cuestión

21

Una parábola: ¿qué quieren las mujeres?

No hace mucho me senté en un círculo con otras siete mujeres, participando en un 60.º aniversario ritual para nuestra amiga Sara. Hoy en día a los sesenta se tiene buen aspecto y una se siente joven. Puede ser una época en la que se viva con más intensidad, siempre y cuando nos hagamos la pregunta: «¿Qué es lo que realmente quiero?». Mientras nos turnábamos hablando, una ejecutiva de cuarenta y pocos, hermosa y lista, habló de que no sabía qué era lo que quería. Estuvimos de acuerdo en que como tenemos ante nosotras tantas posibilidades, a veces resulta difícil elegir y sentirse satisfecha, sentir que hemos hecho lo que más nos conviene. Los obstáculos aparecerán, aunque sepamos de qué camino se trata. Por lo tanto, nuestra elección radica en cómo navegar por las aguas turbulentas del «no sé»: no sé hacia dónde voy, no sé qué vendrá a continuación... Ese tránsito llamado «no sé» es como una sala de espera en la que aprendemos el arte sutil de entregarnos a lo que es, para así poder abrirnos a lo que pueda ser.

Pero incluso cuando no sabemos lo que queremos y hacia dónde vamos, el hecho de que contemos con opciones nos ayuda a mantener abiertos la mente y el corazón. Cuando regresé a casa tras el ritual, volví a leer una de mis historias de mujeres favorita. Una sabia parábola, una respuesta a la eterna pregunta: «¿Qué quieren las mujeres?». Me hizo sentirme muy agradecida de que, a pesar de los desafíos y obstáculos para la igualdad que todavía se alzan frente a las mujeres, muchas de nosotras contamos con cierta soberanía sobre nuestras vidas, algo único que pertenece a la cultura moderna. La elección acerca de cómo vivir nuestras ocupadas vidas depende de nosotras, y eso implica que podemos elegir. La parábola fue escrita a mediados del siglo XV, y se llama *La boda de sir Gawain y la dama Ragnell*. Permite que te la cuente:

Un día el rey Arturo salió de caza. Acababa de abatir un imponente ciervo con su potente arco, cuando un caballero de aspecto amenazador salió de entre la espesura. El caballero, sir Gomer Somer, acusó al rey Arturo de apoderarse de sus tierras para entregárselas a sir Gawain, uno de los caballeros de la Tabla Redonda. Sir Gomer Somer llevaba armadura y estaba dispuesto a matar, pero las reglas de caballería impedían que acabase con la vida del rey, que no llevaba las armas adecuadas para aceptar el desafío. Así que sir Gomer Somer le ofreció un trato a Arturo: «Regresad aquí mismo, exactamente doce meses a partir de este día, y dadme la respuesta correcta a esta pregunta: "¿Qué es lo que quiere una mujer?". Si la tenéis, os perdonaré la vida. Si no, os decapitaré».

Según las reglas de la caballería, el rey Arturo no tenía más remedio que aceptar el desafío. Cabalgó de regreso a su castillo, perplejo y afligido, pero su buen amigo, sir Gawain, le ofreció su ayuda. Decidieron salir en direcciones distintas y preguntar a todo hombre y mujer dicha cuestión. Se registraron todas las respuestas en libros, que no tardaron en ir acumulando muchas páginas. Algunas gentes creían que las mujeres deseaban bellas ropas; otras hablaban de matrimonio, cortejo o amoríos lujuriosos. Once meses habían transcurrido y el rey Arturo seguía desesperado, pues en el fondo de su corazón sabía que ni él ni Gawain habían hallado la respuesta correcta.

Decidió buscar la sabiduría en el corazón del bosque de Inglewood, donde tuvo un extraño y perturbador encuentro con la mujer más fea que había conocido. Era un auténtico horror: de la nariz le colgaba abundante mucosidad, tenía la boca llena de colmillos tan grandes como los de un jabalí, unos ojos acuosos y saltones, chepa, unas espaldas de cargador de muelle, el cuerpo como un barril gigante, el pelo como la paja de un nido de pájaros y unos pechos que el autor afirma que a un caballo le costaría cargar con ellos. No había palabras suficientes para describir su repelente aspecto. No obstante, esta mujer iba montada en un caballo enjaezado con oro y joyas, una montura digna de una reina.

Con la mayor naturalidad se presentó como la dama Ragnell. Conocía todos los detalles de la búsqueda de Arturo y de su muerte segura si fallaba en la respuesta a la pregunta de qué querían realmente las mujeres. Le ofreció al rey un trato muy difícil. Estaba dispuesta a decirle la respuesta y a evitar que su cabeza acabase rodando por el polvo. Pero, a cambio, quería como marido al guapo, cortés, caballeroso, probo y excelente en todos los sentidos sir Gawain. El rey Arturo sintió horror por su amigo, pero consintió en proponerle el trato y regresar con una respuesta.

Arturo le describió el extraño encuentro a Gawain, pensando que era mejor matarse que enviar a su amigo a un destino tan horroroso como casarse con la horrible dama Ragnell. Pero Gawain era la personificación de la virtud caballerosa. Sabía que un año de búsqueda de la respuesta a «¿qué es lo que quiere una mujer?» no había dado ningún fruto. El caballero insistió en que se casaría con aquella bruja para obtener la respuesta y salvar la vida del rey.

Arturo debía acudir a su cita con sir Gomer Somer pocos días después. O tenía una respuesta a tan desconcertante pregunta o probablemente acabaría perdiendo la cabeza. De camino hacia ese encuentro con su destino, halló a la dama Ragnell esperándole en el bosque, tal y como había prometido. Cuando le aseguró que sir Gawain la tomaría por esposa, ella contestó a la pregunta. «Lo que una mujer desea no es belleza, placer, sexo o muchos esposos –explicó ella–. Nos gusta que se nos vea lozanas, jóvenes e inocentes. Pero lo que realmente queremos es soberanía: queremos el mismo control sobre nosotras mismas y de nuestras relaciones con los hombres que un caballero.» El rey Arturo cabalgó hacia su encuentro con sir Gomer Somer, que estaba ansioso por escuchar la respuesta errónea y cortarle la cabeza. El rey sacó los libros recopilados por sir Gawain y él mismo. Gomer se rió y afirmó que el rey era hombre muerto. Pero entonces Arturo le reveló que tenía la respuesta correcta: una mujer quiere soberanía.

Sir Gomer Somer se encolerizó: «¡Habéis hablado con mi hermana, esa horrible bruja de Ragnell! Ella os ha dicho la verdad», barbotó. Decepcionado y rabioso, dejó marchar al rey Arturo.

El rey se alejó cabalgando y no tardó en volver a encontrarse a la dama Ragnell. La mujer estaba

lista para reclamar al guapo Gawain como precio. Arturo y la bruja regresaron a Camelot y entraron juntos en la corte. Él sentía vergüenza y humillación al ser visto con aquella horrible criatura, pero ella no sentía pudor ante nadie. Toda la corte estiró el pescuezo para echarle un vistazo a aquella horrible arpía de ojos legañosos y dientes que apuntaban en distintas direcciones, con labios que colgaban como grumos sobre su barbilla y lunares repletos de pelos. Gawain se adelantó para recibirlos y, haciendo honor a su palabra, mantuvo la promesa hecha a la mujer más fea del mundo. La reina Genoveva y todas las damas de la corte la miraron y lloraron por el pobre Gawain. Los otros caballeros estaban horrorizados al enterarse de que se casaría con aquella criatura indeciblemente infecta.

Las damas de la corte sugirieron a la dama Ragnell un enlace discreto y privado, a fin de ahorrarle la vergüenza de convertirse en un espectáculo. Pero ella no les hizo caso. Quería casarse en una Misa Mayor, a la que asistiría toda la corte. Vestida con tanta elegancia que hacía que Genoveva pareciese una campesina, se convirtió en novia. Tras la boda hubo un gran banquete y la dama Ragnell ocupó la cabecera de la mesa, devorando con grosería todo lo que estaba a su alcance, empezando por un cerdo. Comió como un ejército de hombres, utilizando sus uñas de ocho centímetros de longitud para tajar la carne. El espectáculo era tan desagradable que nadie quiso sentarse a su lado.

Tras el banquete, los recién casados se retiraron a sus estancias –horror de los horrores– para consumar la unión.

—¿Me besarás, maridito? –preguntó Ragnell a Gawain, quitándose restos de carne que se le habían metido entre el pelo y entre los dientes.

—Haré más que eso, esposa mía –prometió Gawain. Pero cuando se dio la vuelta para abrazarla... encontró a la mujer más bella que nunca hubo visto.

—¿Quién eres tú? –preguntó él, en un susurro aturdido.

La dama Ragnell le contó la historia de cómo su malvada madrastra la había embrujado. De noche recuperaría su bello ser y de día sería una bruja horrible. Le ofreció un trato a Gawain. Si él quería, podía ser horrible de noche y hermosa de día, cuando otras personas podían verla. O bien podía ser fea para los demás de día y hermosa para su marido entre las sábanas nocturnas.

—Elige lo que sea más importante para tu honor –le dijo. Gawain pensó durante unos instantes y finalmente replicó que no podía elegir. Se trataba del cuerpo de ella, de su vida, de su propia elección y de nadie más. Lo juró ante Dios.

La dama Ragnell contestó que él era el mejor y más bendito de todos los caballeros. Al darle su soberanía,

Gawain rompió el hechizo que la madrastra malvada había conjurado años antes. Ahora podía ser hermosa a todas horas.

Pero la historia no acaba ahí. Gawain amó, honró y quiso a su esposa; y juntos tuvieron un hijo que de mayor se convirtió en caballero de la Tabla Redonda. Pero al cabo de cinco años, la dama Ragnell, la mujer más hermosa de toda Britania, dejó a su marido. Adónde fue y qué hizo es una historia que nunca fue contada. Pero cuando disponemos de nuestra propia soberanía, somos libres para seguir la orientación interior y para crear una vida que rompa los moldes, aunque eso signifique que no vivamos lo que otras personas pudieran considerar un final de cuento de hadas.

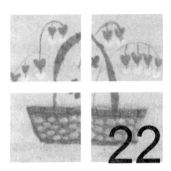

22

La red que mantiene el mundo unido

Estoy sentada frente al ordenador, trabajando en la descripción de un programa para un seminario sobre curación. Tengo un día difícil, una de esas ocasiones en las que me pregunto si algo de lo que hago tiene alguna incidencia en el mundo. Estoy cansada. He tenido que viajar mucho y tengo un poco baja la moral. El familiar pensamiento de que me iría mejor ganar un salario en lugar de buscarme la vida me toca la fibra sensible. Tal vez sea hora de dejar todo esto, pienso, de permitir que se haga cargo la siguiente generación. Tal vez esté empezando mi decadencia y necesite irme a pastar... Tengo amigos que sacan un buen dinero en el negocio inmobiliario. Quizás la solución sería una tercera carrera. Inquieta e incómoda, decido mirar mi correo electrónico, uno de los pequeños rituales distraídos de la vida.

Al igual que muchas mujeres, compruebo mi correo electrónico personal antes que los del trabajo. Nunca sabes qué regalitos pudieran transmitirse a través de la red electrónica.

Hoy he hallado un tesoro: Therese Schroeder-Sheker, amiga y colega, se ha tomado un descanso para enviarme una historia sobre una mujer que apareció en uno de sus seminarios sobre música prescriptiva y curación. Hace unos años yo había dado un taller en la misma ciudad, al que había asistido la misma mujer. En él me había referido a Therese y su trabajo como comadrona de las almas de los agonizantes, y había puesto algunas piezas de su preciosa música de arpa y vocal.

Rosa Mystica, el álbum de Therese, es una selección de música lírica sacra medieval dedicada al Divino Femenino. Es mi CD favorito. Durante años, primero en un entorno hospitalario y ahora en una clínica e instituto independientes,[1] Therese ha formado meticulosamente a personas en el arte y la ciencia de trabajar con los moribundos. Sus estudios, muy bien documentados, demuestran que la música prescriptiva, elegida basándose en el estado fisiológico del paciente, puede aliviar de manera significativa el dolor y sus mentes. En los momentos finales, puede ayudarlos a dejarse ir en una muerte tranquila.

La mujer que asistió a mi taller compró *Rosa Mystica* nada más salir. Le contó a Therese que asistir a mi taller había sido para ella algo decisivo, además de que le había dado la oportunidad de conocer el trabajo de Therese. Animada con lo que había aprendido con nosotras, pudo hacer frente a las heridas de su pasado, y transformar el dolor en sabiduría y crecimiento. Juntas, sin saberlo, habíamos contribuido de manera positiva a la vida de esa mujer. Muchas veces, sin ni siquiera ser conscientes de ello, tejemos una red interdependiente. Le envié un correo de respuesta a Therese:

«Gracias por recordarme que lo que hacemos importa. Es muy fácil quemarse en el camino, en el ordenador, atendiendo a mil detalles que a veces parecen aplastarnos. Y eso de quemarse es grave. A veces he tenido ganas de plegar mis bártulos e ir a buscar trabajo al 7-Eleven. Sentía que el alma me pesaba como si fuese de plomo. La parte buena de todo ello es que el sufrimiento suele representar la apertura a algún lugar más profundo. Pero a un precio muy alto. Y de no ser por mis buenos amigos y amigas, me pregunto si hubiera podido superar algunas de esas épocas en las que me sentía... Es maravilloso poder sostenernos el espejo entre nosotras y decir: "Eh, mira. Más allá de todas las cosas de la vida y de la personalidad que a veces parecen hundirte, está la Verdadera Esencia de quién eres. Es estupendo. Eres un regalo de pura gracia. Eres un portal a la Divina Presencia". Y eso es lo que tú eres, hermana».

Therese me contestó vía correo electrónico ese mismo día:

«Querida Joan, Dios mío, tu mensaje ha sido como una inyección para el corazón. Gracias también por hablarme de tus momentos bajos, de esos momentos en los que te preguntabas si dejarlo todo. Eso me ayuda mucho. Me preocupa a menudo saber cómo continuar a pesar de la insensibilidad y los obstáculos del camino... y saber que tú también (y tal vez todos nosotros) sufres mucho, te sientes débil, hundida... y que no obstante has perseverado... Me has hecho un gran regalo... Te quiero mucho. Gracias por todo y que Dios te bendiga... Que los invisibles y santos te alimenten de manera especial, como en una lluvia de oro alquímico..., día y noche..., dormida y despierta, escribiendo y enseñando, en silencio o entre amigos».

Guardé el correo de Therese en la carpeta de tesoros especiales de mi ordenador, luego lo imprimí y lo releí. Me lo acerqué al corazón. Contarle la verdad a otra persona es todo un alivio. Noté que los hombros se me relajaban y me permití sentir tanto mi quebranto como la integridad que se oculta como una perla justo bajo la superficie. Releí su bendición una y otra vez:

«Que los invisibles y santos te alimenten de manera especial, como en una lluvia de oro alquímico..., día y noche..., dormida y despierta, escribiendo y enseñando, en silencio o entre amigos».

La generosa bendición de mi amiga no perdió nada en su medio electrónico de transmisión. También era una inyección en el corazón que retejió el dañado tejido de mi fe en el misterio de la vida. Lo imprimí y colgué sobre el ordenador, donde su especial luminosidad calienta mi alma y me recuerda que *sí* importa lo que hago en este mundo. Puedo levantar la vista, leer su bendición y sonreír, volviendo a respirar en ese lugar en el que de nuevo puedo sentirme íntegra.

Las mujeres retejemos el mundo cada día, mediante un remiendo invisible. Cuando las cosas se ponen difíciles para los amigos, las familias, los barrios y durante períodos de agitación cultural, la red de las mujeres funciona como un pegamento que mantiene las cosas unidas. El pegamento es invisible, realiza su labor sin llamar la atención sobre sí mismo. Nunca sabes que está ahí, pero sin su capacidad de pegado y curación, la sociedad estaría hecha pedazos.

Mi amiga Oriah Mountain Dreamer ha escrito varios libros para cantar con belleza lírica y una sinceridad nacida de su implacable compromiso de permanecer presente, y para mantener abierto su corazón poniendo atención a su vida interior, incluso cuando las cosas se ponen difíciles y la vida se complica. En *The Invitation*, escribe sobre la irrelevancia de quiénes somos y cuánto dinero tenemos. Lo que le interesa, tal y como escribió en el poema introductorio que circuló a la velocidad de la luz por Internet –de mujer a mujer– es «si puedes levantarte, tras la noche de pesar y desesperación, cansado y magullada, y hacer lo que hay que hacer para alimentar a los niños».[2] Las mujeres han estado haciendo eso desde el principio de los tiempos. Lo hacemos por los niños, lo hacemos por los hombres y lo hacemos por todas nosotras.

Visitar a los enfermos, llevar alimentos a una familia de luto que ha perdido a un ser querido, ocuparse de hijos y nietos, tomar un permiso en el trabajo para cuidar a uno de nuestros padres agonizantes, organizar un ritual improvisado en honor de los jóvenes muertos por disparos en las calles de su comunidad... son las cosas sin renombre y vitales que hacen las mujeres. Esas acciones no se registran en los libros de historia, pero sin ellas el mundo sería un cuerpo sin corazón.

Una de mis citas favoritas es de la Madre Teresa: «No podemos hacer grandes cosas –dijo–, sólo pequeñas cosas con mucho amor». A fin de cuentas, el valor de lo que logramos hacer es posible que pertenezca al reino invisible de esas pequeñas cosas. Al hacerlas, el amor se torna visible, y el corazón del mundo continúa latiendo.

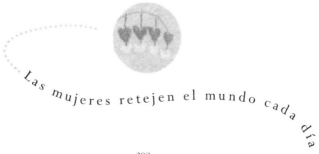

Las mujeres retejen el mundo cada día

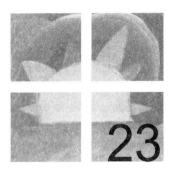

23

Bendición matinal

Todos los días son únicos, una preciada oportunidad de vivir con un corazón y una mente abiertos. Hoy puedes convertir tu vida en una alegría y una bendición. Es el único tiempo de que dispones. El ayer desapareció y el mañana no es sino un sueño. Mucha gente convierte en práctica empezar sus días con un período de oración e inspiración. Tanto si quieres pasar cinco minutos como una hora haciéndolo, un ritual matutino celebra el don de la vida y te ayuda a mantenerte centrada a lo largo de tu atareado día. Incluso una breve oración lleva implícita la fragancia de tu alma al mundo que te espera. Es un dulce y potente regalo de paz que se extiende desde ti a todos los seres.

Aprendí la siguiente plegaria matinal de mi querida amiga Hong, una de las mujeres más ocupadas que conozco. Su esencia es pura luz y delicadeza, aunque trabaja incansablemente en un entorno masculino muy intenso. Siempre que empiezo mis conferencias con esta oración hay gente de toda condición que se siente conmovida por las palabras, que trascienden todas las diferencias y nos unen, en el sagrado corazón de la vida. Si quieres, al recitar esta bella plegaria, puedes adoptar con las manos el gesto de oración sobre tu corazón y postrarte ante la Divina presencia que está en todas partes, en todas las cosas y personas. También puedes prender una vela, si así lo deseas, pues tu oración es un acto de belleza que incrementa la luz del mundo.

Saludo esta mañana a la gran madre tierra, al padre cielo
y a la fuerza vital en toda la creación.

Saludo esta mañana a mis hermanos y hermanas
aquí y en toda la creación.

Saludo esta mañana al mundo visible en su belleza,
al mundo invisible en su misterio,
y a los ciclos de creación y disolución.

Saludo esta mañana al hálito que respira en mí,
a la compasión que me sostiene
y al amor en mi corazón.

Ésta es una oración
por la libertad de todos los seres.

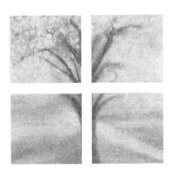

Epílogo

Hermanas de viaje

Me gustaría que pudiéramos sentarnos juntas y hablar de nuestras vidas tan atareadas mientras bebemos una taza de té. Me hablarías de tus desafíos e inspiraciones –de las ocasiones en que fracasaste y cómo te recuperaste– y yo te contaría los míos. Aliviadas tras haber compartido todo eso, podríamos animarnos y reírnos de algunas ocasiones en las que nos olvidamos de lo mejor de nosotras mismas. Recordar los momentos en los que regresamos a nuestros centros también sería una maravillosa conversación. Nuestros corazones se abrirían en la calidez de la compañía mutua.

Probablemente sería un día terrible para el maquillaje, porque nuestros ojos se llenarían de lágrimas y pesar al igual que de alegría. La vida es jugosa y confusa a la vez, y está llena de dolor y gracia. Esas dos caras de la experiencia humana conforman la moneda de la sabiduría. Así pues, mirándonos bien a los ojos, nos daríamos cuenta de que hemos estado teniendo la sabiduría en nuestras manos durante todo el tiempo. ¿Qué hay, pues, que buscar? Las respuestas ya son nuestras. Nuestros rostros se suavizarían al relajarnos y soltar nuestros hombros y sacar nuestros vientres. Al igual que han hecho todas las mujeres desde el principio de los tiempos, nos reconoceríamos a nosotras mismas a través de nuestras historias respectivas. Eso sería alimento para el corazón. Nos daría el coraje necesario para confiar en el Misterio a la vez que realizamos las mejores elecciones posibles en nuestras atareadas vidas, día a día.

Albergo la esperanza de que este libro haya sido un alimento tanto para tu corazón como para tu mente. Y aunque no hayamos tenido la oportunidad de tomarnos un té juntas, tal vez lo hagas con una amiga o un grupo de amigas, y habléis de vuestras vidas y de algunas de las cosas que has leído en estas páginas. Durante muchos años formé parte de un grupo de mujeres que se reunía para hablar de la verdad de nuestras vidas en el tipo de contexto que he intentado crear para ti en este libro. Esas mujeres fueron mi salvación: han sido mis hermanas en este viaje, y han estado presentes a las duras y a las maduras.

Crear un grupo de mujeres es fácil. Aunque sólo tengas una amiga, ésta probablemente conocerá a otra u otras dos a las que les gustaría integrarse en él. Es posible que esas mujeres traigan a su vez a más amigas, y de ese modo puede empezar a reunirse un grupo de seis a ocho cada semana, mes o cuando os convenga. Sé que ya estás muy ocupada, si no no habrías elegido leer este libro. Pero reunirte de manera regular con un grupo de mujeres comprometidas en la búsqueda del equilibrio entre trabajo, familia y sus vidas interiores es una forma maravillosa de centrarse. Después de todo, es la manera de las mujeres.

Al reuniros y compartir vuestras historias debes recordar que cuentas con dos pares de ojos. Puedes mirar tu vida –esos lugares en los que aparece difícil o desequilibrada, o en los que has tomado el desvío equivocado– con los ojos del remordimiento. Si los dejas seguir adelante, esos ojos no dejarán nunca de gemir. Pero si, después de llorar un poco, puedes soltar y olvidarte de la fantasía de que la vida tiene que ser perfecta, podrás empezar a mirar con los ojos de la gracia. Esos ojos ven que toda experiencia contiene las semillas de la sabiduría... Y saben que estés donde estés es el lugar perfecto para despertar y regresar a casa, a ti misma.

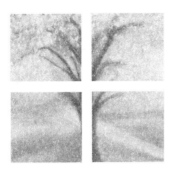

Notas

PREFACIO

1. Mi boletín mensual aparece en mi página web, www.joanbory-senko.com, donde también están archivados los boletines anteriores. Si te suscribes te enviaré un aviso mensual por correo electrónico con un vínculo al boletín. También forman parte del sitio web artículos y consejos sobre cómo mantener un corazón tranquilo en un mundo agitado y sobre cómo atender a tu vida interior, una lista de mis libros y cintas de meditación (incluyendo una tienda en línea donde puedes pedirlos), y un programa de mis talleres, conferencias y retiros.

2. La frase «hambre de tiempo» proviene de la fértil mente de Allison Pearson, en su maravillosa novela, *I Don't Know How She Does It*. Su sinceridad inspiró la mía.

3. ANÍMATE

1. Puedes encontrar la canción *Lighten Up* en el CD *Beloved*, de Karen Drucker, producido por Tay Toones Music, BMI, 2002. Puedes pedir *Beloved*, o cualquiera de los CD de Karen, en su sitio web: www.karendrucker.com.

4. Marcar límites: sobre la hermana malvada y el hada madrina
   1. Cathi Hanauer, compiladora, *The Bitch in the House*, William Marrow, Nueva York, 2002, p. 162.

7. Mujeres y estrés: cómo nos ocupamos de los demás y entablamos amistad
   1. Shelley Taylor, *The Tending Instinct*, Times Books, Nueva York, 2002, p. 25.

10. Ser y hacer: cómo hacer visible el amor
   1. David Richo, *How to Be an Adult in Relationships*, Shambala, Boston y Londres, 2002, p. 1.

11. Perdida y hallada
   1. Elizabeth Berg, *The Pull of the Moon*, Jove Books, 1997, pp. 12-13.
   2. Ibíd, p. 7.

12. Atención plena: las luces están encendidas y hay alguien en casa
   1. Jon Kabat-Zinn, en «About the Series», *Guided Mindfulness Meditation* (CD y cintas): www.mindfulnesstapes.com (puedes comprar estos productos en línea como ayuda para crear y mantener una práctica de atención plena en tu ocupada vida).

16. ¿Desgaste profesional?
   1. Desgaste profesional, prevención y recuperación: sitio web, http://web.mit.edu/afs/athena.mit.edu/user/w/c/wchuang/News/college/MIT-views.html.
   2. En principio leí ese material en Internet, en W. Cone, *Beating Burnout*, Health Science Seminars, 1996. Sitio web: http://www.healthscienceseminars.com/HSC/burnout.htm. Por desgracia, ya no se puede acceder a ese sitio.

17. ¿De verdad necesitas ese lagarto? Lograr libertad económica
   1. Esas, y otras muchas estadísticas citadas en este capítulo, provienen de Financial Freedom, patrocinada por COE, Inc. Puedes acceder a la útil información que proporcionan sobre temas que van desde presupuestos, eliminar deudas, educar a

los hijos sobre cuestiones económicas o aportaciones benéficas, hasta tomar decisiones sobre gastos importantes como casas y coches, en su página web: www.coeinc.org.

2. «Gasta menos, vive mejor: la autora Vicki Robin explica cómo vive con 9000 dólares al año.» Sitio web: http://abcnews.go. com/ABC2000/abc2000living/Robin_chat-transcript.html

20. MATRIMONIOS DE ÉL Y DE ELLA: ¿QUÉ PREOCUPA A LAS MUJERES?

1. John M. Gottman y Nan Silver, *The Seven Principles for Making Marriage Work*, Three Rivers Press, Nueva York, 1999, p. 31.

2. Susan Maushart, *Wifework*, Bloomsbury, Nueva York y Londres, 2001, p. 10.

3. El concepto del marido como voluntario también es repasado por Maushart en *Wifework*.

4. Maushart, *Wifework*, p. 113.

22. LA RED QUE MANTIENE EL MUNDO UNIDO

1. Puedes obtener información sobre Therese Schroeder-Sheker y sus programas dirigiéndote a Vox Clamantis Institute and Clinic, P. O. Box 169, Mt. Angel, OR 97362, EE. UU.

2. Oriah Mountain Dreamer, *The Invitation*, Harper San Francisco, 1999, p. 2.

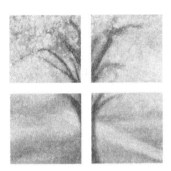

Otros libros y programas de audio de Joan Z. Borysenko

He escrito once libros (incluyendo éste) que tratan de psicología, medicina cuerpo-mente, salud de la mujer y espiritualidad. Las personas que asisten a mis seminarios suelen pedirme que explique un poco cada uno de ellos, además del orden en el que fueron escritos. Aquí aparecen en orden cronológico, con una breve descripción:

Minding the Body, Mending the Mind, Addison Wesley, 1987 (tapa dura); Bantam, 1988 (bolsillo). Este éxito de ventas en la lista del *New York Times* es un clásico de la medicina cuerpo-mente, tan útil en la actualidad como cuando se publicó por primera vez. Puedes leer más sobre cómo aprender a controlar tu mente, meditación, respiración, reestructuración, optimismo y pesimismo, y a utilizar las imágenes mentales. Sencillo y accesible, incluye una autoevaluación de tus niveles de estrés y síntomas físicos para que puedas realizar un seguimiento de tus mejoras.

Guilt Is the Teacher, Love Is the Lesson, Warner Books, 1990. Es un libro sobre curar las heridas de la infancia y hallar sentido espiritual en tu vida. Si te sientes culpable, asustada o rabiosa, eres una perfeccionista y sientes una necesidad excesiva de agradar a la gente, este libro te ayudará a sanar y a descubrir tu verdadero ser. También es excelente para quienes han sido heridos por la fe religiosa y la culpabilidad.

On Wings of Light: Finding Hope When the Heart Needs Healing (con la artista Joan Drescher), Lesley University Press, 2003. Se trata de un hermoso libro de meditaciones y afirmaciones ilustradas para ayudarte a reconectar con tu centro, fomentar tu práctica espiritual e inspirarte en épocas difíciles. Incluye estupendas orientaciones e instrucciones específicas para iniciar un diario multimediático que pueda ser el alimento de tu alma.

Fire in the Soul: A New Psychology of Spiritual Optimism, Warner Books, 1993. De todos los que he escrito, éste es mi favorito a causa de las muchas cartas de agradecimiento que he recibido a lo largo de los años. Si te enfrentas a cuestiones de fe, buscas orientación espiritual o te las tienes que ver con una situación vital difícil, este libro puede aportarte muchas ideas y consuelo. Lo considero una especie de salvavidas para épocas difíciles y una obra sobre la fe para todas las épocas. Me han dicho muchas veces que puede salvarte la vida.

The Power of the Mind to Heal: Renewing Body, Mind, and Spirit (con Miroslav Borysenko), Hay House, 1994. Escribí este libro a fin de captar la información y los ejercicios prácticos que desarrollé para talleres junto con mi ex esposo. También está disponible como audiocasete en Nightingale-Conant (véase la página siguiente).

Pocketful of Miracles: Prayers, Meditations, and Affirmations to Nurture Your Spirit Every Day of the Year: Warner Books, 1995. Este libro es un compañero y guía espiritual basado en la sabiduría de muchas culturas y tradiciones religiosas diferentes. Tiene una entrada para cada día del año, una clave para el mundo natural, ciclos, estaciones y días sagrados. Cada entrada diaria consiste en una simiente para la contemplación, y una oración práctica o meditación para la jornada. Muchas personas la han usado diariamente durante años.

A Woman's Book of Life: The Biology, Psychology and Spirituality of the Feminime Life Cycle, Riverhead Press, 1997. Es un libro para todas las mujeres, que repasa la capacidad de nuestro desarrollo a través de toda la vida. Escrito a los cuarenta y nueve años y cuando entraba en los años de sabiduría, proporciona una nueva perspectiva sobre la menopausia, el envejecimiento, la intuición y la manera en que continuamos creciendo a través de todos los ciclos de la vida.

7 Paths to God: The Ways of the Mystic, Hay House, 1997 (este libro fue publicado por primera vez en edición de tapas duras con el título *The Way of the Mystic*; le cambiamos el título de la edición de bolsillo: *7 Paths to God*). Todas las personas somos diferentes biológicamente, pero estamos conectadas de una manera única para el viaje hacia Dios. Se repasan los principales caminos espirituales –desde la creatividad y la naturaleza hasta la meditación y la ética–, con sugerencias prácticas para que recorras el tuyo.

A Woman's Journey to God, Riverhead Books, 2000. Las principales religiones han sido fundadas por hombres, de acuerdo con su biología y manera de comprender el mundo. En este libro rompedor, demuestro la manera en que las mujeres podemos desarrollar un camino espiritual propio. Cuando se honren los caminos masculino y femenino, tendremos por fin una espiritualidad viva y un mundo más pacífico.

Inner Peace for Busy People: 52 Simple Strategies for Transforming Your Life, Hay House, Inc., 2001. En este libro, presento cincuenta y dos ensayos inspiradores y no obstante prácticos que te ayudarán a crear y mantener una sensación de paz interior. Con un poco de sentido común puedes aprender a comprender y domesticar las agitadas operaciones de tu mente, vivir una vida llena de compasión y amor, y desarrollar más sabiduría y creatividad.

PROGRAMAS DE AUDIO

Están disponibles tres tipos de programas de audio: conferencias, audiolibros y meditaciones guiadas:

Conferencias
– *How to Overcome Life's Problems* (dos cintas), Hay House.
– *Healing and Spirituality: The Sacred Quest for Transformation of Body and Soul* (dos cintas), Hay House.
– *Pathways to God: A Dialogue Between Joan Z. Borysenko, Ph. D., and Deepak Chopra, M. D.* (dos cintas), Hay House.
– *The Beginner's Guide to Meditation* (dos cintas), Hay House.

- *Seventy Times Seven: On the Spiritual Art of Forgiveness* (dos cintas), Sounds True.
- *The Power of the Mind to Heal* (seis cintas), Nightingale-Conant.
- *Your Spiritual Quest* (seis cintas), Nightingale-Conant.

Audiolibros
- *Minding the Body, Mending the Mind* (íntegro; Hay House).
- *Inner Peace for Busy People* (abreviado; Hay House).
- *Inner Peace for Busy Women* (abreviado; Hay House).

Meditaciones guiadas
- *Meditations for Relaxation and Stress Reduction.*
- *Meditations for Self-Healing and Inner Power.*
- *Meditations for Forgiveness.*
- *Meditations for Overcoming Depression.*
- *Meditations for Healing the Inner Child and Loving Kindness.*
- *Invocaton of the Angels.*
- *Morning and Evening Meditations and Prayers.*

MI SITIO WEB

Visita por favor mi sitio web en www.joanborysenko.com si deseas conocer mi programa de seminarios y conferencias, así como leer artículos y noticias sobre medicina cuerpo-mente, psicología y espiritualidad. También puedes apuntarte a mi boletín gratuito electrónico y hallar vínculos de muchas organizaciones que valen la pena.

Sobre la autora

Joan Z. Borysenko es una de las principales expertas en estrés, espiritualidad y relación cuerpo-mente. Está doctorada en Ciencias médicas, es psicóloga clínica titulada, y cofundadora y antigua directora de los programas clínicos de medicina cuerpo-mente en el Beth Israel Deaconess Medical Center, Harvard Medical School. Actualmente es presidenta de Mind/Body Health Sciences, LLC. Joan es una oradora y consultora conocida internacionalmente sobre temas de salud de la mujer y espiritualidad, medicina integradora y relación cuerpo-mente. Ha escrito otros diez libros, incluyendo el éxito de ventas *Minding the Body, Mending the Mind*. Sitio web: www.joanborysenko.com.

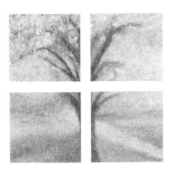

Índice